李 诚 主编

故事三十六计

陈中于 编写

四川出版集团

巴蜀书社

序

"中国故事"注音读本是专门为青少年读者策划编辑的文史类丛书，主要从古代经典和传统菁华中选取当今青少年喜闻乐见的故事进行通俗易懂的讲解，通过这些故事，传达中华民族优秀的精神风貌。《故事三十六计》就是其中的一种。

"三十六计"，贯穿在中华五千年文明的历史长河之中，每一条计谋，都是中华民族智慧之花结出的硕果，都闪耀着前人智慧的火花。它集中了历代政治家和军事家的文韬武略、奇谋诡道，取得了一场场战争的胜利。

"三十六计"的巨大作用，决不仅仅用于战争，它所蕴含的哲理和智慧，在兴邦治国、交际谈判乃至管理企业、商业营销、竞技比赛等等方面都具有极高的参考价值和指导作用，甚至在日常生活中的人际交往、化解矛盾等方面也有很大作用。

近年来，"三十六计"受到越来越多领域人士的关注，尤其受到商界和企业界的高度重视，日本的一些现代企业家就潜心研究"三十六计"，受益匪浅，企业管理水平和抗风险能力不断提高。

"三十六计"中的许多计谋，大家都耳熟能详，但知其然，未必知其所以然，得其形未必能得其神，闹不好，还可能画虎不成反类犬，就像周瑜这样的青年才俊，也闹出了"赔了夫人又折兵"的笑话。

本书将"三十六计"逐条解析，一个故事，讲清一种计谋的来龙去脉及精华所在，让读者不仅仅记住这些计谋的名字，还学会在自己的生活和工作中正确地使用它们。这也就是编写者的初衷了。

目 录

第 一 计　瞒天过海 … 4
第 二 计　围魏救赵 … 7
第 三 计　借刀杀人 … 11
第 四 计　以逸待劳 … 17
第 五 计　趁火打劫 … 22
第 六 计　声东击西 … 27
第 七 计　无中生有 … 32
第 八 计　暗渡陈仓 … 37
第 九 计　隔岸观火 … 42
第 十 计　笑里藏刀 … 46
第十一计　李代桃僵 … 52
第十二计　顺手牵羊 … 57
第十三计　打草惊蛇 … 62
第十四计　借尸还魂 … 66
第十五计　调虎离山 … 72
第十六计　欲擒故纵 … 78
第十七计　抛砖引玉 … 85
第十八计　擒贼擒王 … 92
第十九计　釜底抽薪 … 97
第二十计　混水摸鱼 … 102
第二十一计　金蝉脱壳 … 108
第二十二计　关门捉贼 … 115
第二十三计　远交近攻 … 120
第二十四计　假途伐虢 … 125
第二十五计　偷梁换柱 … 130
第二十六计　指桑骂槐 … 135
第二十七计　假痴不癫 … 141
第二十八计　上屋抽梯 … 146
第二十九计　树上开花 … 151
第三十计　反客为主 … 156
第三十一计　美人计 … 161
第三十二计　空城计 … 165
第三十三计　反间计 … 171
第三十四计　苦肉计 … 175
第三十五计　连环计 … 180
第三十六计　走为上计 … 183

第一计 瞒天过海

瞒天过海：意思是说，用巧妙的伪装的手段作掩护，通过暗中的活动，达到目的。此计用在兵法上，是一种示假隐真的疑兵之计，用来作战设伪装，以期达到出其不意的作战效果。

"瞒天过海"这种计法虽然在某种程度上含有欺骗的成分，但其动机、性质、目的是不同的。这一计的兵法运用，常常利用人们对某些事情的习见不疑而产生疏漏和松懈，故能乘虚而入，掩盖某种军事行动，把握时机，出奇制胜。

唐太宗贞观十七年，太宗李世民御驾亲征高丽，大军东进被大海阻挡。太宗苦思过海之计未果很是苦恼。一豪绅声称有助大军渡海之策，太宗便率百官随豪绅到其住所。只见所有的房子皆用彩幕遮围，十分严密。豪绅把太宗请入室内，设宴与太宗和百官把盏畅饮。不久,波涛响声如雷,杯盏倾侧,人身摇动。太宗大惊,忙令近臣揭开彩幕察看,不看则已,一看愕然。大军竟然已航行在大海之上了!就这样,大军顺利地渡过大海。

公元589年,隋文帝要攻打长江南岸的陈朝,陈朝以长江做屏障,顽强抵抗。隋文帝派大将贺若弼驻守江防,攻打陈朝。一天早晨,陈军的官兵被喧哗的人马声从梦中惊醒,大家以为隋军已经打过长江,却发现隋军只是在对岸打猎呢!

第二天晚上,陈军官兵又被对岸的响声惊醒了,只见隋军军旗整齐、

故事三十六计

遍支营帐。可观察了一会儿，发现这回隋军只是在调防。根本没有过江的迹象。

久而久之，南岸的陈军放松了警惕和戒备。转眼到了589年春节，陈军在营地中庆祝新年，饮酒作乐。贺若弼乘机带领隋军悄然渡过了长江，一战打败了陈军，灭了陈朝，就这样，隋文帝统一了全国

第二计 围魏救赵

围魏救赵：意思是说，与强敌作战，首先要调动它，分散它，消耗它的实力，然后再与它决战，可以达到事半功倍的效果。

"围魏救赵"是古代著名军事家孙膑指挥的一场非常著名的战争。

在战国时期，中国有许多诸侯国，其中的楚、秦、燕、赵、韩、齐和魏七个诸侯国比较强大，历史上称为"战国七雄"。这些诸侯国为争夺领土经常互相征讨，时局非常动乱。

公元前354年，魏国元帅庞涓统兵攻打赵国，大军一直打到赵国国都邯郸城下，赵国急忙向邻国齐国求救。齐国派田忌为大将，孙膑为军师，率领军队前去救援。

田忌建议直接赶赴邯郸解围。孙膑却认为："派兵解围要避实就虚，击中要害，现在魏、赵两国长期作战,双方都疲惫不堪。魏国的精锐部队现在都集中在邯郸,国内兵力空虚,应该直奔魏国国都大梁,魏军必定会放弃邯郸,回来救援。我军可在半路设伏兵截击。这样,我们不但解救了赵国之围,还可以一举打败魏军。"田忌采纳了孙膑的作战计划,齐军大获全胜,庞涓损失惨重,大败而归。

太平天国名将李秀成也曾用此计解救了天京之围。

太平天国后期,内讧使革命军的力量日渐减弱。公元1860年,清军将领和春率数十万大军进攻太平天国的都城天京，把天京围困成为一座孤城。天王洪秀全一时手足无措。忠王李秀成提议避其锋芒，带少量部队偷袭清军屯粮之地杭州。迫使敌人分兵救援，以解天京之围。

这年正月初二，太平军突围，李秀成率部一举拿下防守并不严密的杭州。李秀成下令焚烧清军的粮仓，以吸引敌人主力回来救援。和春闻讯，知道杭州已失，断了后勤供应，急令副将张玉良率十万人马，火速回救杭州，洪秀全借机下令全线出击。李秀成攻下杭州，放火烧了粮仓之后，火速回兵天京，途中与张玉良部队相遇，李秀成机智地绕道而行，避开了张玉良回救杭州的部队，终于顺利地赶回天京。

此时,城内城外的太平军对清军形成夹击之势,清兵始料不及,左冲右突,阵势大乱,死伤六万余人,一败涂地。就这样,清军惨败,李秀成巧计解救了天京之围。

第三计 借刀杀人

借刀杀人：利用外力去攻击对手。意思是说,巧借别人的力量去击破敌人。

公元前769年,郑武公为了发展自己的势力,决定吞掉邻国郐国。但是,郐国有一批智勇双全的文臣武将,很不好对付,郑武公就打算先把这些人除掉。

郑武公先派人列出了郐国能臣猛将的名单。然后派人到处散布谣言,说郑国只要消灭郐国以后,就给这些人分封土地,加官晋爵。

郐王生性多疑,得知消息便把涉及的大臣武将全都处死了。这样,郑武公不费吹灰之力就消灭了郐国。

三国时,刘备也采用了借他人之手以消灭敌人有生力量的办法。

曹操曾用王允之计把虎将吕布生擒了,

吕布想投降曹操以求活命，曹操也想收降吕布，以增强自己的实力。刘备用吕布旧主丁原和董卓的下场来提醒曹操，吕布随即被处死。刘备虽然栖身曹营，却心怀大计，曹、吕联合必定给刘备未来的事业带来重大阻力。刘备力劝曹操杀吕布正是"借刀杀人"的计谋。

西汉末年，汉室王朝内部分崩离析，天下大乱。刘秀当时也是用了借刀杀人之计，除去了心头大患。

刘秀与他的哥哥刘寅在昆阳一战成名。因为当时诸位将领都想争功，有些将领对刘氏兄弟产生了不满。刘秀劝告哥哥小心提防，刘寅却不以为然。不久，昏君刘玄就在李轶的策划下杀了刘寅。当时驻守文城的刘秀无法与刘玄抗争，只好忍气吞声。他在基础稳固后，毅然对刘玄宣战，直取长安。刘玄派李轶去镇守洛阳，以抵挡刘秀西进。

刘秀手下的将军冯异劝李轶归降。李轶明知刘玄难成大事,但因自己参与杀害刘寅,怕刘秀不能容他,便以生命安全和高官厚禄为条件,按兵不动。

事后,刘秀故意将李轶与自己的书信内容公开,众人议论纷纷。不久,刘玄手下的另一员大将得知了信的内容,刘玄知道李轶心怀二意,就派人将他杀了。洛阳不久后就被刘秀攻占了。刘秀借刘玄之手,除去了自己的心头之患,又不用承担杀死降将的恶名。

南北朝时,北周大将韦孝宽镇守玉壁,防止北齐的进犯。他计划除掉北齐智勇双

故事三十六计

全的左丞相斛明月,使北齐不战自溃。

韦孝宽利用歌谣使北齐的人民传诵斛明月造反的谣言。北齐后主担心斛明月篡位,就将他杀了。

周武帝得知以后,乘机举兵灭齐,统一了中国北方。

努尔哈赤父子亲率十几万满兵,声势浩大,进犯明朝,锐不可当,志在必得。

明天启六年,努尔哈赤亲自率部攻打宁远,以十三万之众围攻宁远万余守军。宁远守将袁崇焕带兵奋勇抗敌,击退满兵三次大规模进攻。打击了骄横的满兵。袁崇焕趁满军气势低下之时,开城反攻,满军惨败。努尔哈赤身负重伤,愤懑而死。

皇太极继位,又率师攻打宁

远。袁崇焕早有准备,皇太极又兵败而回。

崇祯三年,皇太极为避开袁崇焕守地,由内蒙越过长城,攻打山海关的后方,长驱而入。袁崇焕闻报,立即率部支援,日夜兼程,比满兵早三天抵达京城。满兵刚到,即遭迎头痛击,满兵先锋巴添狼狈而逃。皇太极遇此劲敌,又恨又怕,袁崇焕从此成了他的心病。

皇太极为了除掉袁崇焕,绞尽脑汁,定下借刀杀人之计。他深知崇祯帝猜忌心特重,难以容人,于是秘密派人用重金贿赂明廷的宦官,向崇祯告密,说袁崇焕已和满州订下密约,故此满兵才有可能深入内地。

故事三十六计

崇祯勃然大怒,将袁崇焕下狱问罪,并不顾将士们的请求,将袁崇焕斩首。

皇太极借崇祯之刀除掉心腹之患,从此肆无忌惮,再也没有遇到袁崇焕这样的劲敌了。

第四计 以逸待劳

以逸待劳：养精蓄锐，作战时不首先出击，采用以静制动的办法，以对付从远道而来的疲劳的敌人。

孙膑和庞涓都是当时名扬天下的兵法家鬼谷子的学生。二人对兵法都有相当深的造诣。但总的来说，孙膑比庞涓略胜一筹。

庞涓容不得比他强的孙膑与他并存于世，于是被魏王提拔为大将军后，用计把孙膑骗到魏国，剜去了他的膝盖骨。

齐国大将军田忌出使魏国，他很敬佩孙膑的才能，就偷偷把孙膑带回了齐国，齐威王任用他为军师。不久，在围魏救赵的桂陵之战中，孙膑率军大败庞涓统帅的魏军。

庞涓自桂陵失败后，一直对孙膑怀恨在心，寻机报复。他采取了与赵国、韩国结盟孤立齐国,然后再将其消灭的战略。他拉拢一向与齐国友好的韩国为盟友,韩国不从,庞涓决定用武力征服韩国。

如果韩国灭亡,将直接威胁到齐国的安全。因此,齐国不得不再一次与魏国交战,齐王便任命田忌和孙膑领军,出兵支援韩国。

两军在魏国国都附近相遇,相持了几个月的时间,不分胜负。

这天,庞涓的谋士韩随提出要去齐营刺探虚实。

这样,韩随就以说客的身份来到齐军大营拜访。

孙膑早就知道他是奸细，便将计就计，让士兵把空粮袋全部装上沙土，堆积在军营中。在送别韩随时，孙膑故意让韩随明白军营中堆积如山的粮食是假的，这样，韩随真的以为齐军已无粮草，这些装满沙土的粮袋只不过是为了稳定军心而已。

韩随走后，孙膑立即下令，各部当晚撤退。庞涓得到韩随的报告说齐军已无粮草，又见齐军已经撤退，便立即下令追击孙膑。孙膑连夜撤出五十里地，不断减少士兵做饭的痕迹，诱敌深入。

庞涓率部追击，看到齐军炉灶越来越少，便认为齐军不仅粮草不足，还有很多人当了逃兵，更加得意忘形，率骑兵昼夜追杀。结果被孙膑引诱到地势险要的马陵道用伏兵射杀，庞涓全军覆没。

战国末期，秦国少年将军李信率二十万

军队攻打楚国，但是很长时间也没能取胜。秦王又起用已告老还乡的王翦，王翦率领六十万军队，陈兵于楚国边境，楚军立即发重兵抗敌。老将王翦毫无进攻之意，只是专心修筑城池，摆出一派坚壁固守的姿态。一年后，楚军警惕之心早已松懈，决定东撤。王翦立刻下令追击正在撤退的楚军。楚军溃不成军。秦军乘胜追击，公元前223年，秦灭楚。

此计强调：敌我双方处于僵持局面，不一定只用进攻之法。关键在于掌握主动权。

三国时，吴国杀了关羽，刘备怒不可遏，亲自率领七十万大军伐吴。蜀军从长江上游顺流进击，居高临下，势如破竹，连胜十余阵，深入吴国腹地五六百里。孙权命青年将领陆逊为大都督,率五万人迎战。陆逊深谙兵法,正确地分析了形势,认为刘备锐气始盛,并且居高临下,吴军难以进攻。于是决定实行战略退却,以观其变。吴军完全撤出山地,这样,蜀军在五六百里的山地一带难以展开战斗,反而处于被动局面。相持半年,蜀军斗志松懈。陆逊看到蜀军战线绵延数百里,首尾难顾,而且在山林安营扎寨犯了兵家大忌。时机成熟后,陆逊下令全面反攻,打得蜀军措手不及。陆逊一把火烧毁蜀军七百里连营,蜀军伤亡惨重,慌忙撤退。

故事三十六计

第五计 趁火打劫

趁火打劫：原意是指趁别人家失火的时候，在乱中抢东西。在军事上是指趁敌人困难、危险和慌乱时，乘机进攻，夺取胜利。

"趁火打劫"是历代兵家非常重视的谋略。北魏大都督侯渊率兵讨伐驻守在苏州的韩楼。两军首战，侯渊设伏兵大败韩楼并俘获五千余人。侯渊给所有俘虏发还马匹兵器，将他们全部放回苏州。韩楼怀疑五千多俘虏叛变，于是自相残杀，城内一片混乱，侯渊趁火打劫，一举攻下苏州。

历史上著名的淝水之战也是"趁火打劫"谋略的很好体现。

东晋时期，苻坚的前秦王朝统一了北方黄河流域，定都长安。383年，苻坚亲率九十万大军攻打东晋。晋孝武帝派大将谢石、谢玄率八万精兵水上抗敌。两军对峙在淝水两岸,当时,东晋军队在人数上和装备上都远远不如前秦的军队,正面交锋,必败无疑。谢玄认为:现在苻坚的一些军队还未到达,尚能坚持。要是他的军队人马全部到达就不好办了。不如想点办法,让苻坚的部队后撤,他的军队后撤必然混乱,我军趁乱攻打,必胜无疑。于是,谢石、谢玄采用激将法给苻坚写了封信。讥讽其胆小不敢渡河一战,还占了晋军列阵的地方。要有胆量,就让我们过河,痛痛快快地杀一场。

苻坚依仗军力雄厚，骄傲自大，并想趁东晋军队过河的时候，向其发动突然袭击，灭其于淝水之中。于是就答应了谢石、谢玄的建议。

苻坚命令自己的军队往后退去，让东晋的部队渡河。谁料想，苻坚的命令刚一下达，后面的士兵不知道前面出了什么情况，大家都以为前阵被打败了，便都争先恐后地逃跑，军队一片混乱。谢石、谢玄率领东晋八万精兵以迅雷不及掩耳之势，迅速渡过了淝水河，一举击溃了苻坚的军队。

春秋时期，吴国和越国相互争霸，经过长期战争，越国终因不敌吴国，只得俯首称臣。越王勾践立志复国，卧薪尝胆。表面上对吴王夫差百般逢迎，骗得夫差的信任。越国几年后实力大大加强，吴王夫差却被胜利冲昏了头脑，被勾践的假象迷惑，不把越国放在眼里。他骄纵凶残，还杀了一代名将忠臣伍子胥,重用奸臣,堵塞言路。公元前473年,吴国颗粒难收,民怨沸腾。越王勾践选中吴王夫差北上和中原诸侯在黄池会盟的时机,大举进兵伐吴,吴国国内空虚,很快就被越国击破灭亡。勾践的胜利,正是乘敌之危,就势取胜的典型战例。

满洲顺治帝即位时,只有7岁,朝廷的权力都集中在摄政王多尔衮身上。多尔衮想在他手上建立功业,已遂父兄未完成的入主中原的遗愿。

明朝末年,政治腐败,民不聊生。崇祯皇帝猜疑成性,贤臣良将根本不能在朝廷立足,他一再更换重臣,又杀了名将袁崇焕,明朝灭亡已成定局。公元1644年,李自成率农民起义军一举攻占京城,建立了大顺王朝。可惜立足未稳,首领们就渐渐腐化堕落。吴三桂看到明朝大势已去,李自成又不重用自己,终于投靠清军,打算借清兵势力消灭李自成。多尔衮闻讯,欣喜若狂,于是迅速联合吴三桂的部队,进入山海关,只用了几天的时间,就打到京城,赶走了李自成,奠定了清军占领中原的基础。

第六计 声东击西

声东击西：表面上声张着攻打东边，实际上却攻打西边，制造假象，使敌人做出错误的判断，然后乘机消灭敌人。

三国时期，曹操解白马之围，就是成功的"声东击西"的战略。

公元200年，曹操和袁绍的军队相峙于官渡。袁绍率十万大军进攻黎阳，准备渡过黄河。同时命大将颜良和郭图进攻曹操的东郡，把曹操的部将刘延围在白马城，袁绍是想将曹操的主力部队从官渡引开，然后一举歼灭。

曹操得知消息，想立刻出兵，解白马之围。谋士荀攸认为：敌军数量众多，不可硬拼，派出一小部分人马赶到延津河南岸，装出要渡河进攻袁绍后方的样子。这样，袁绍必然会派兵向西来迎战，等到袁绍西去截击，我们就

故事三十六计

火速赶到白马城,杀他一个措手不及,就可以打败颜良,解白马之围。

曹操听取了他的建议。袁绍探听到曹军要在延津河渡河抄自己的后路,果然率领人马去截击。

曹操立刻引兵直奔白马城。城里城外的部队两下夹击,一举歼灭了颜良的十万大军,解救了白马之围。

声东击西之计,早已被历代军事家熟知,所以使用时必须充分估计敌方情况。方法虽是一

个,但可变化无穷。

东汉时期,班超出使西域,以团结西域诸国共同对抗匈奴。地处大漠西缘的莎车国煽动周边小国,归附匈奴,反对汉朝。班超决定首先平定莎车。匈奴的龟兹王得知后,亲率五万人马,援救莎车。

班超手下只有两万余人,不可力敌。遂定下声东击西之计,迷惑敌人。他派人在军中散布军士对班超的不满言论,制造打不赢龟兹,就要撤退的迹象。并假意撤退,放俘虏趁机脱逃。俘虏逃回莎车营中,急忙报告汉军慌忙撤退的消息。龟兹王以为班超惧怕自己军力强大,立刻下令追杀班超。班超趁夜色撤退仅十里地,部队即就地隐蔽。龟兹王求胜心切,率领追兵从班超隐蔽处飞驰而过,班超立即集合部队,与事先约定的东路于阗人马迅速回师杀向莎车,一战平定莎车。龟兹王无奈只能返回龟兹。

1661年4月,郑成功率二万五千将士顺利登上澎湖岛。要收复台湾岛,必须先攻下赤崁城。郑成功了解到攻打赤崁城只有两条航道可进:一条是攻南航道,这条道港阔水深,船只可以畅通无阻,又较易登陆。荷兰殖民军在此设有重兵,工事坚固;另一条是攻北航道,直通鹿耳门。但是这条航道海水很浅,礁石密布,航道狭窄。殖民军还故意凿沉一些船只,阻塞航道,他们认为这里无法登陆,所以只派少量兵力防守。郑成功又进一步了解到,这条航道虽浅,但海水涨潮时,仍可以通过大船。于是决定趁涨潮时先攻下鹿耳门,然后绕道从背后攻打赤崁城。

郑成功计划已定,首先派出部分战舰,装作从南航道进攻。荷兰殖民军急忙调集大批军队防守航道。为了迷惑敌人,郑成功的部队声威浩大,喊声震天,炮火不断。这一下,郑成功非常成功地把殖民军的注意力全部吸引到了南航道。北航道上一片沉寂,殖民军以为平安无事。南航道激战正酣,郑成功率领主力战舰,趁海水涨潮时机,一举拿下鹿耳门。郑成功乘胜进兵,从背后攻下赤崁城。荷兰殖民军狼狈逃窜,台湾又回到祖国的怀抱。

故事三十六计

第七计 无中生有

无中生有：本来没有这件事，却硬是把它凭空编造出来，真中有假，假中有真，让对方产生错觉，出其不意地打击敌人。

唐朝末年，政府腐败，民不聊生，爆发了"安史之乱"。许多地方官吏和唐朝的将士纷纷倒向安禄山和史思明。唐将张巡忠于唐室，不肯投敌。他率领三千军队坚守孤城雍丘。

756年，叛将令狐潮带领四万人马围攻雍丘城。敌众我寡，张巡率三千兵马拼死相守。相持数日，城内弓箭越来越少。如果一旦箭支用光，城池将难保。张巡急命士兵扎成千余个草人，将草人披上黑衣，夜晚用绳子把它们从城头放下去。夜幕中，叛军以为张巡的部队趁夜突围，急召弓箭手，万箭齐发，一齐射向草人，等发现中计时，张巡已骗走近万支

箭。张巡又故意重复了几次,叛军不再理会这些草人。

这天晚上,张巡挑选了五百名精壮士兵组成"敢死队",穿着黑衣从城内溜出来。他们悄悄地来到叛军军营,打得叛军措手不及,营中大乱。张巡趁此机会,率部从城中杀出,一举击败令狐潮,保住了雍丘城。

故事三十六计

秦始皇在出巡中不幸病死,丞相李斯与宦官赵高担心扶苏继位后对自己不利,便合谋伪造了诏书。说传皇位给次子胡亥,将大公子扶苏、将军蒙恬赐死。

胡亥年幼无能,完全受制于赵高。赵高的势力越来越大,但他还是惧怕李斯的势力,所以诬告其通匪谋反,杀了李斯满门。赵高随之升为宰相,统霸天下,总揽国事。

赵高成为宰相仍不满足,还想篡夺皇位,于是想出了一计以试天下的反应。

有一天,他特意带来一头鹿,进宫献

给秦二世。却声称这是匹马。秦二世嘲笑赵高无知,转问左右大臣们这是鹿还是马。有的人为了讨好赵高,便说:"这是一匹马。"后来,赵高便把那些不顺从自己的人都杀了。

战国末期,七雄并立。当时,齐、楚为盟国,秦国无法取胜。秦国的相国张仪向秦王建议,破坏齐、楚两国的关系,再分别打败他们。

张仪携厚礼拜见楚怀王,说秦国愿送给楚国土地六百里,只要楚国与齐国断交。怀王觉得有利可图,便不顾大臣的反对答应了。怀王于是和齐国断绝了关系,与秦国结为同盟。

然而秦王许诺的土地却没有兑现,怀王大怒,发兵攻秦。可是现在秦、齐已经结盟,在两国夹击之下,楚军大败,秦军尽取汉中之地六百里,楚怀王只好割地求和。怀王中了张仪无中生有之计,不但没有得到好处,

故事三十六计

相反却丧失了大片土地。

汉代名臣肖望之是汉元帝的老师,他为人正直,声望很高。奸臣史高无所作为,却嫉妒肖望之的才华。他与中书令弘恭等人相互勾结,权倾朝野。肖望之一心要清除奸佞以振朝纲,他便成了史高一党的绊脚石。

不久,史高、弘恭等人找准时机,无中生有,诬陷肖望之,独揽大权。汉元帝听信谗言,将肖望之打入大牢。史高、弘恭还不甘心,要置肖望之于死地,又无中生有地编造了许多罪名陷害肖望之。

肖望之最终受不了这等不白之冤,便愤然服毒自杀了。

第八计 暗渡陈仓

暗度陈仓：表面上修复栈道，实际上暗中绕道偷袭陈仓。意思是指用假动作迷惑、调动敌人，然后悄悄地偷袭另外一个地方。

"暗渡陈仓"意思是采取正面佯攻，当敌军被我牵制而集结固守时，我军隐蔽路线，悄悄派出一支部队迂回到敌后，乘虚而入，进行决定性的突袭。

公元前206年，项羽依仗人多势重，将刘邦挤出咸阳，自封为西楚霸王。又强行调走张良，削弱刘邦的力量。

刘邦在汉中休息了两个月，手下的将士耐不住思乡情绪，都萌生了东归之念。

丞相萧何为刘邦夜下追回韩信并委以重用。韩信召集诸将，布置军务。他令大将樊哙、周勃先带一千人马，前去修复栈道。限期三个月,以令大军早日东归。

但是,栈道附近都是深沟险壑和临渊峭壁,所以工程进展非常缓慢,士兵也怨声四起。

雍王章邯奉项羽之命把守汉中,防备刘邦东归。近日听说汉军正在修复栈道,就派重兵把守住栈道出口。章邯以为只要守住栈道,就可以堵住刘邦。

哪知韩信派人修复栈道是假,暗渡陈仓是真,使敌人误以为刘邦要经栈道出兵,实际上汉军已从另一条路到了三秦的陈仓,并一战攻破。

章邯只好退兵,死守孤城废邱,却被韩信利用地理条件,引大水水淹废邱。章邯走投无路,无奈自刎而亡。

汉军不到一个月,已占领了三秦土地,项羽防止刘邦东归的计划彻底失败。就这样,韩信为刘邦统一中原,迈出了决定性的一步。

故事三十六计

"明修栈道,暗渡陈仓"是用正面佯攻、佯动来迷惑敌人,以掩盖进攻者真正意图的谋略,常被用于军事行动中,能起到出奇制胜的效果。

韩信二施"暗渡陈仓"的计谋,玩弄敌人于股掌之上,堪称一绝。

楚汉相争时期,各路诸侯自知力量不敌刘邦、项羽,他们密切注意战争动向,寻找靠山。西魏王豹本已投靠刘邦,后见汉兵受挫,就转而投靠项羽,联楚反汉。

　　大将军韩信率兵攻打西魏,大军进至黄河渡口临晋关(今陕西大荔东)。西魏王豹派重兵把守临晋关对岸的蒲坂(今山西永济西),凭借黄河天险,紧守渡口,封锁临晋关河面,壁垒森严。

　　韩信深知,如果从临晋关渡河,损失太大,难以成功。他决定再施"暗渡

故事三十六计

陈仓"的计谋。他佯装准备从临晋关渡河决战，调集人马，赶造船只，暗中却派人沿黄河上游察看地形。经过认真调查，韩信决定从黄河上游的夏阳（今陕西韩城南）渡河，那里地势险要，魏兵守备空虚。韩信一面命大军向夏阳调集，一面佯装从临晋关渡河，派兵丁擂鼓呐喊，推船入水，做出强攻的样子。魏军无论如何也没想到，就在对方佯装大举强渡的时候，汉军已在韩信率领下从夏阳渡河后，直取魏都平阳（今山西临汾），等到西魏王豹得到消息，派兵堵截汉军时，已经来不及了。汉军生擒王豹，占领了西魏。

第九计 隔岸观火

隔岸观火:隔河观看对岸起火。意思是说,冷静观察利用敌人内部矛盾,让他们自相残杀,或让另外双方进行火并,等对方把力量全都削弱后,再发起进攻,趁机取胜。

战国后期,秦将武安君白起攻打赵国,接连攻下赵国十七城,直逼赵国国都邯郸。平原君的谋士苏代向赵王献计,愿意冒险去秦国充当说客,以救燃眉之急。苏代带着厚礼到咸阳拜见秦国重臣范雎,谈到范雎与白起的关系,苏代声称白起的军功会直接影响范雎的地位。范雎立即向秦王建议息兵,结果赵国献出六城,两国罢兵。

范雎害怕白起日后报复,向秦王又进谗言,终于害死白起。

当白起围邯郸时,秦国国内本无"火",可是苏代点燃范雎的妒忌之火,制造秦国内乱,文武失和。赵国隔岸观火，使自己免遭灭亡。

战国时期，韩国和魏国连年征战，互不相让。秦国国君秦惠王看到这种情况，想借此机会坐收渔翁之利，扩大自己的势力。

大臣陈轸来到王宫，用"两虎相争，必有一伤"的故事建议秦惠王，要等韩国和魏国中力量比较弱的一方被打败，力量较强的一方大伤元气时再出兵。

秦惠王按照陈轸的计策去做了，直到两国被长期的战争拖累得筋疲力尽，秦国才开始派兵出击，结果很容易就取得了胜利。

公元前324年，魏国

故事三十六计

43

军队直逼韩国国都。韩昭侯见魏兵来势凶猛,难以抵挡,就派人到齐国请求援兵。

孙膑建议说:"魏国自恃其武力强大,前年伐赵,今年伐韩,怎么能忘伐齐呢?要是不出兵救韩,这等于抛弃了韩国喂肥了魏国,所以说,不救是没有道理的。但是,魏国刚开始

打韩国,兵力正处在势头上,韩国的元气还没有受到挫伤,在这个时候出兵救韩,那就是让韩国坐享其成,等于齐国代它受兵遭难,所以说救韩也不是良策。"齐威王说:"那该怎么办?"孙膑回答说:"大王,不如先答应韩国的要求,稳住韩国的阵脚。让韩国知道齐能来救兵,就会奋力抵抗魏,反过来魏国也一定不遗余力地攻打韩国。我们齐国则隔岸观火,等到两国军队打得筋疲力尽时,我们再去攻打疲惫不堪的魏军,就可以保住韩国。这样我们可以付出极少的代价而取得很大的成功,这才是万全之策。"

齐威王很高兴,采纳了孙膑的策略,立即告诉韩国的使者说:"齐国救兵立即出发。"韩昭侯听说有援兵,也就壮着胆子与魏国抗战。齐国眼看韩国快要招架不住了,才派部队前往救韩,果然大胜。

第十计 笑里藏刀

笑里藏刀：原指那种口蜜腹剑的阴险手段。此计用在军事上，是运用政治外交上的伪装手段，欺骗麻痹对方，来掩盖己方的军事行动。这是一种表面友善而暗藏杀机的谋略。

战国时期，秦国为了对外扩张，必须夺取地势险要的崤山一带，秦王便派公孙鞅为大将，率兵攻打魏国，不久，公孙鞅大军直抵魏国吴城城下。这吴城原是魏国名将吴起苦心经营之地，地势险要，工事坚固，正面进攻恐难奏效。公孙鞅苦苦思索攻城之计，他探到魏国守将是与自己曾经有过交往的公子卬，心中大喜。他马上修书一封，主动与公子卬套近乎，信中说道，虽然我们俩现在各为其主，但考虑到我们过去的交情，还是两国罢兵、订立和约为好。念旧之情，溢于言表。他还建议约定时间会谈议和大事。信送出后，公孙鞅还摆出主动撤兵的姿态,命令秦军前锋立即撤回。公子行看罢来信,又见秦军退兵,非常高兴,马上回信约定会谈日期。公孙鞅见公子行已钻入了圈套,暗地在会谈之地设下埋伏。会谈那天,公子行带了三百名随从到达约定地点,见公孙鞅带的随从更少,而且全部没带兵器,更加相信对方的诚意。会谈气氛十分融洽,两人重叙昔日友情,表达双方交好的诚意,公孙鞅还大摆宴席款待公子行。公子行兴冲冲地入席,还未坐定,忽听一声号令,伏兵从四面包围过来,公子行和三百随从反应不及,全部被擒。公孙鞅利用被俘的

故事三十六计

随从，骗开吴城城门，占领吴城。魏国只好割让西河一带土地，向秦求和。秦国用公孙鞅笑里藏刀之计轻取崤山一带。

三国时期，荆州由于地理位置十分重要，成为兵家必争之地。公元217年，鲁肃病死，孙、刘联合抗曹也已经结束。当时关羽镇守荆州，孙权久存夺取荆州之心，只是时机尚未成熟。不久以后，关羽发兵进攻曹操控制的樊城，怕有后患，留下重兵驻守公安、南郡，保卫荆州。孙权手下大将吕蒙认为夺取荆州的时机已到，但因有病在身，就建议孙权派当时毫无名气的青

年将领陆逊接替他的位置，驻守陆口。陆逊上任，定下了与关羽假和好、真备战的策略。他给关羽写去一封信，信中极力夸耀关羽，称关羽功高威重，可与晋文公、韩信齐名。而自己是一介书生，年纪太轻，难担大任，要关羽多加指教。关羽为人骄傲自负，目中无人，读罢陆逊的信，仰天大笑，说道："江东无虑矣。"马上从防守荆州的守军中调出大批人马，攻打樊城。陆逊又暗地派人向曹操通风报信，约定双方一起行动，夹击关羽。孙权认定夺取荆州的时机已经成熟，派吕蒙为先锋，向荆州进发。吕蒙将精锐部队埋伏在改装成商船的战舰内，日夜兼程，突然袭击，攻下南郡。关羽得讯，急忙回师，但为时已晚，孙权大军已占领荆州。关羽只得败走麦城。

　　此计也常用于政治斗争。明成祖朱棣当燕王时，就曾以此计除掉了宁王，占领了大宁。

靖乱之中，燕王朱棣诛杀明朝将领谢贵等人后，军破居庸关、怀来、密云、遵化等地，军威大振。建文帝急忙派李景隆大将军征剿燕王，进攻北军。同时，怀疑宁王是燕王的同伙，诏令宁王还京。宁王抗旨被削夺了护卫之职。

燕王听说宁王被剥夺了护卫之职，高兴地说："这是老天给我们的机会呀！夺取大宁府不成问题了。"燕王说："大宁城内，都是老弱残兵把守，精壮士兵都守在松亭关，我们要占领大宁，安抚好家眷，松亭关将不战而破。"于是，燕王朱棣就写信欺骗宁王，暗中却率兵至大宁城外。他只身骑马入城，紧紧抓住宁王的手，悲痛不已地说："建文帝负我，燕都北平被围，危在旦夕，请老弟救我，替我向朝廷请罪，不然我就没命了！"

宁王见状，一面好言抚慰，一面起草奏章求建文帝赦免燕王。宁王设宴款待燕王，席间，大家欢声笑语，非常融洽，像没事一样。又过了几天，埋伏在城外的燕王部队大多已偷偷潜入城中，结交宁王手下将士。燕王见时机已经成熟，便动身告辞。

这时，席间伏兵突起，捉住了宁王。宁王手下大多袖手旁观，站在了燕军一旁。燕王部队占领大宁府后，分兵把守要塞，从此占领大宁。

燕王朱棣不费一兵一卒，就夺取了大宁，正是"笑里藏刀"之计的成功运用。

第十一计 李代桃僵

李代桃僵：原意是指用李树代替桃树，经受虫蛀，李树干枯了却保住了桃树。意思是说，当敌强我弱时或力量对比差不多时，要善于用最小的代价，取得更大的胜利。

两军对峙，敌优我劣或势均力敌的情况是很多的。如果指挥者主观指导正确，常可变劣势为优势。

春秋时齐魏桂陵之战，魏军左军最强，中军次之，右军最弱。齐将田忌准备按孙膑赛马之计如法炮制，孙膑却认为不可。他说，这次作战不是争个二胜一负，而应大量消灭敌人。于是用下军对敌人最强的左军，以中军对势均力敌的中军，以力量最强的部队迅速消灭敌人最弱的右军。齐军虽有局部失利，但敌方左军、中军已被钳制住，右军又很快败退。田忌迅即指挥己方上军乘胜与中军合力,力克敌方中军,得手后,三军合击,一起攻破敌方最强的左军。这样,齐军在全局上形成了优势,终于取胜。

李代桃僵,就是趋利避害。指挥者的高明之处,是要会"算账"。古人云:"两利相权从其重,两害相衡趋其轻。"以少量的损失换取很大的胜利,是划得来的。

战国后期,赵国北部经常受到匈奴蟾褴国及东胡、林胡等部骚扰,边境不宁。赵王派大将李牧镇守北部门户雁门。李牧上任后,日日杀牛宰羊,犒赏将士,只许坚壁自守,不许与敌交锋。匈奴摸不清底细,也不敢贸然进犯。

故事三十六计

李牧加紧训练部队，养精蓄锐，几年后，兵强马壮，士气高昂。公元前250年，李牧准备出击匈奴。他派少数士兵保护边寨百姓出去放牧。匈奴人见状，派出小股骑兵前去劫掠，李牧的士兵与骑兵交手，假装败退，丢下一些人和牲畜。匈奴人占得便宜，得胜而归。匈奴单于心想，李牧从来不敢出城征战，果然是一个不堪一击的胆小之徒，于是亲率大军直逼雁门。李牧已料到骄兵之计已经奏效，于是严阵以待，兵分三路，给匈奴准备了一个大口袋。匈奴军轻敌冒进，被李牧分割几处，逐个围歼。匈奴兵败，落荒而逃，蟾褴国灭亡。李牧用小小的损失,换得了全局的胜利。

春秋时期,晋国大奸臣屠岸贾鼓动晋景公灭掉于晋国有功的赵氏家族。屠岸贾率三千人把赵府团团围住,把赵家全家老小,杀得一个不留。幸好赵朔之妻庄姬公主已被秘密送进宫中。屠岸贾闻讯必欲赶尽杀绝,要晋景公杀掉公主。景公念叔侄情分,不肯杀公主。公主已身怀有孕,屠岸贾见景公不杀她,就定下斩草除根之计,准备杀掉婴儿。公主生下一男婴,屠岸贾亲自带人入宫搜查,公主将婴儿藏在裤内,躲过了搜查。屠岸贾估计婴儿已偷送出宫,立即悬赏缉拿。赵家忠实门客公孙杵臼与程婴商量救孤之计:如能将一婴儿与赵氏孤儿对换,我带这一婴儿逃到

故事三十六计

首阳山，你便去告密，让屠贼搜到那个假赵氏遗孤，方才会停止搜捕，赵氏后代才能保全。程婴的妻子此时正生下一男婴，他决定用亲子替代赵氏孤儿。他以大义说服妻子忍着悲痛把儿子让公孙杵白带走。程婴依计，向屠岸贾告密。屠贼迅速带兵追到首阳山错杀了早就安排好的替身，放心而去。孤儿长大成人后，在韩厥的帮助下，出兵讨贼，杀了奸臣屠岸贾，报了大仇。

程婴见赵氏大仇已报，陈冤已雪，不肯独享富贵，拔剑自刎，他与公孙杵白合葬一墓，后人称"二义冢"。他们的美名千古流传。

第十二计 顺手牵羊

顺手牵羊：原意是指看准机会，顺手把羊牵走。意思是说创造和捕捉战机，乘着敌人出现漏洞和疏忽，出其不意地发起进攻。

大部队在运动的过程中，漏洞肯定很多，比如，大兵急于前进，各部运动速度不同，给养可能造成困难，协调可能不灵，战线拉得越长，可乘之机一定更多。看准敌人的空隙，抓住时机一击，只要有利，不一定完全取胜也行。这个方法，胜利者可以运用，失败者也可以运用，强大的一方可以运用，弱小的一方也可以运用。战争史上一方经常用小股游击队，钻进敌人的心脏，神出鬼没地打击敌人，攻敌薄弱处，顺手得利。这样用顺手牵羊取胜的例子不胜枚举。

顺手牵羊是看准敌方在移动中出现的漏

洞，抓住薄弱点，乘虚而入获取胜利的谋略。

公元383年，前秦统一了黄河流域地区，势力强大。前秦王苻坚坐镇项城，调集九十万大军，打算一举歼灭东晋。他先派其弟苻融为先锋攻下寿阳，初战告捷，苻融判断东晋兵力不多并且严重缺粮，建议苻坚迅速进攻东晋。苻坚闻讯，不等大军齐集，立即率几千骑兵赶到寿阳。东晋将领谢石得知前秦百万大军尚未齐集，于是打算抓住时机，击败敌方前锋，挫敌锐气。谢石先派勇将刘牢之率精兵五万，强渡洛涧，杀了前秦守将梁成。刘牢

之乘胜追击，重创前秦军。谢石率师渡过洛涧，顺淮河而上，抵达淝水一线，驻扎在八公山边，与驻扎在寿阳的前秦军隔岸对峙。苻坚见东晋军队阵势严整，立即命令坚守河岸，等待后续部队。谢石看到敌众我寡，只能速战速决。于是，他决定用激将法激怒骄狂的苻坚。他派人送去一封信，说道，我要与你决一雌雄，如果你不敢决战，还是趁早投降为好。如果你有胆量与我决战，你就暂退一箭之地，放我渡河与你比个输赢。苻坚大怒，决定暂退一箭之地，等东晋部队渡到河中间，再回兵出击，将晋兵全歼水中。他哪里料到此时秦军士气低落，撤军令下，顿时大乱。秦兵争先恐后，人马冲撞，乱成一团，怨声四起。这时指挥已经失灵，几次下令停止退却，但如潮水般撤退的人马已成溃败之势。这时谢石指挥东晋兵马，迅速渡河，趁敌人大乱，奋力追杀。前秦先锋符融被东晋军在乱军中杀死，苻坚也中箭受伤，慌忙逃回洛阳，前秦大败。淝水之战，东晋军抓住战机，乘虚而入，是古代战争史上以弱胜强的著名战例。

唐朝中期，各镇节度史都拥有军事、经济大权，根本不把朝廷放在眼里。蔡州节度使的儿子吴元济在父死之后，起兵叛乱。唐宪宗派大将李愬担任唐州节度使，剿灭吴元济。

李愬到任，放风麻痹吴元济，散布谣言说："我是个懦弱无能的人，朝廷派我来，只是为了安顿地方秩序，至于攻打吴元济，与我无关。"吴元济观察了李愬的动静，见他毫无进攻之意，也就不把李愬放在心上了。

其实李愬一直在思考攻打吴元济老巢蔡州的策略，他趁机擒获了吴元济手下的大将李佑，对他优礼有加，感动了李佑。李佑告诉李愬，吴元济的主力部队都部署在洄曲一带，防止官军进攻,而防守蔡州城的不过是些老弱残兵。蔡州是吴元济兵力最薄弱的地方,如果出奇制胜,应该迅速直捣蔡州,活捉吴元济。

李愬在一个雪天的傍晚,率领精兵抄小路,神奇地直抵蔡州城边,趁守城士兵呼呼大睡时,爬上城墙,杀了守兵,打开城门,部队静悄悄涌进了城。等吴元济从睡梦中惊醒,发现宅第已被围困,他负隅顽抗,终于被捉。李愬将吴元济装进囚车,押往长安。驻扎在洄曲的董重质见大势已去,也向李愬投降。

故事三十六计

第十三计 打草惊蛇

打草惊蛇：打草惊动了藏在草丛中的蛇。意思是说，当对方的情况还没有摸清时，应该慎重从事，不能随便做出决定，以免暴露自己。

兵法早已告诫指挥者，进军的路旁，如果遇到险要地势，坑地水洼，芦苇密林，野草遍地，一定不能麻痹大意，稍有不慎，就会"打草惊蛇"而被埋伏之敌所歼。可是，战场情况变化多端，有时己方巧设伏兵，故意"打草惊蛇"，让敌军中计的战例也层出不穷。

打草惊蛇之计，一则指对于隐蔽的敌人，己方不得轻举妄动，以免敌方发现我军意图而采取主动；二则指用佯攻助攻等方法打草，引蛇出动，中我埋伏，聚而歼之。

公元前627年，秦穆公发兵攻打郑国，他打算和安插在郑国的奸细里应外合，夺取郑

故事三十六计

国都城。大夫蹇叔劝告说秦国离郑国路途遥远恐难取胜,秦穆公不听,派孟明视等三帅率部出征。郑国得到了秦国袭郑的情报,逼走了秦国安插的奸细,做好了迎敌准备。秦军见袭郑不成,只得回师,但部队长途跋涉,十分疲惫。部队经过崤山时,又遭晋国伏兵,秦军大败。秦军不察敌情,轻举妄动,"打草惊蛇",终于遭到惨败。

公元1642年,李自成的义军进攻开封。敌人二十五万兵马和一万辆炮车增援开封,集中在离开封西南四十五里的朱仙

镇。李自成为了不让援军与开封守敌合为一股,把敌军分割开来。又在南方交通线上挖了一条长达百里、宽为一丈六尺的大壕沟。李自成兵分两路,一路突袭朱仙镇南部的虎大威的部队,造成"打草惊蛇"的作用,一路牵制力量最强的左良玉部队。击溃虎大威部后,左良玉果然因被围困难以脱身,人马损失过半,拼命往西南突围。李自成故意放开一条路,让败军溃逃。左良玉退了几十里,面对这么大的壕沟,马过不去,士兵只得弃马渡沟,这时又遭埋伏,全军覆没。

故事三十六计

"打草惊蛇"不只是运用在军事上,在破案中,它也是常用的计谋。

一个名叫娄阿鼠的赌徒,杀了屠户尤胡芦,嫁祸书生熊友兰。苏州知府况钟作为监斩,发现案情奇怪,就冻结了此案,进行私访。

况钟扮做算命先生正在街上走访,遇到娄阿鼠,为他测字,用案情来探他的口风。娄阿鼠沉不住气,急于想知道事情的结局,追问怎样才能逃避这场大祸。

况钟故意说要给他"指点一条明路",从而逐渐使娄阿鼠失去戒心。就这样,娄阿鼠全盘说出了作案经过。况钟正是用"打草惊蛇"之计,套出了娄阿鼠的犯罪事实,抓到了这个真正的凶手。

第十四计 借尸还魂

借尸还魂：原意是指已经死亡的东西，又借助某种形式得以复活。利用在军事上，是指利用、支配那些没有作用的势力来达到我方目的的策略。

历史上常有这种情况，在改朝换代的时候，都喜欢推出亡国之君的后代，打着他们的旗号来号召天下。用这种"借尸还魂"的方法，达到夺取天下的目的。在军事上，指挥官一定要善于分析战争中各种力量的变化，要善于利用一切可以利用的力量。有时，我方即使受挫，处于被动局面，如果善于利用敌方矛盾，利用一切可以利用的力量，也能够变被动为主动，改变战争形势，达到取胜的目的。

公元前207年，秦朝阳城的地方官奉命征调九百名壮丁，送往渔阳戍守边关，由两名军官押解出发。

故事三十六计

两名军官在这九百戍卒当中选出了陈胜、吴广两个人做屯长,管理众人,以防误了日期。但是天公不作美,在大泽乡赶上了倾盆大雨。大泽乡地势低洼,不久道路就被淹没了。陈胜估计一定不会按时赶到渔阳了,延误军令这些人全部要被处死,便偷偷找到吴广,商量说:"反正都是死,不如为大家而死。如能推翻秦朝,为老百姓除害,打个天下!就是夺不到天下,纵然死了,也比到渔阳去送死强。真正应该登基继位的,是大公子扶苏。扶苏

为人仁慈,可是却被秦二世杀了,从前咱们楚国的大将项燕,所有的楚人都知他是条好汉。要是咱们借着公子扶苏和楚将项燕的名号,定能发动天下百姓去打秦二世。"

第二天,陈胜派两个心腹上街买鱼。厨师做鱼时,在鱼腹中发现一块布帛。只见上面有三个鲜红的大字:陈胜王。

到了晚上,西面的破祠堂里又传来了狐

狸叫的声音,人们愈发惊讶了,这狐狸的声音,好似在说:"大楚兴,陈胜王!"人们悄悄回到帐篷里,私下里议论纷纷。

陈胜、吴广见时机已经成熟,便带了几个心腹去见军官,询问迟到后的解决办法。两个军官想杀一儆百。结果,陈胜和吴广把人们的反抗情绪煽动起来,于是杀了两个军官,带着这几百人发动起义。

不久,陈胜在陈县建立大楚政权,做了国王,仍然打着兴楚灭秦的旗号。

跟随而起的有项梁、项羽、陈婴、刘邦等人,都各自拉起了一支队伍,反抗秦王的暴政,最终消灭了秦王朝。

陈胜正是借用了大楚的旗号,才顺利地发动起义,并得到人们的广泛响应,成功地为消灭秦王朝开了个好头。

三国时期,赤壁大战之后,刘备虽然势力

增强，但还并不雄厚。他和孙权都把眼睛盯在四川，那里地理位置好，资源丰富，是个可以大展宏图的好地方。但是，曹操统一中原的决心已定，虎视眈眈，牵制住了孙权的力量。刘备、孙权一时都对四川无法下手。公元215年，曹操进攻汉中，张鲁降曹，益州刘璋集团形势危急。这时，刘璋集团内部争权夺利，分崩离析。刘璋深怕曹操进攻四川，心想不如请刘备来共同抵御曹操。刘备得讯，喜出望外，正中下怀，这不正是进军四川的大好时机吗？他派关羽留守荆州，亲自率步卒万人进入益州。刘璋推举刘备为大司马领司隶校尉，自己为镇西大将军兼益州牧。

刘备、刘璋的这段"蜜月"肯定长不了。一日，刘备接到荆州来信，说曹操兴兵侵犯孙权。刘备请刘璋派三万精兵、十万斛军粮前去助战。刘璋怕削弱了自己的力量，只同意派三千老兵出川。刘备趁机大骂刘璋:"我为你抵御曹操,你却吝惜钱财,我怎能和你这种人合作共事!"于是向刘璋宣战,乘胜直捣成都,完成了占领四川的计划。

刘备就是借刘璋这个"尸",扩充了实力,占据了四川,为以后建功立业打下了基础。

故事三十六计

第十五计 调虎离山

调虎离山：原是指想办法让老虎离开山头。意思是说，要想办法让敌人离开原来的地方，引到对敌不利而对我方有利的地方去作战。此计用在军事上，是一种调动敌人的谋略，它的核心在一"调"字。虎，指敌方，山，指敌方占据的有利地势。如果敌方占据了有利地势，并且兵力众多，防范严密，此时，我方不可硬攻。正确的方法是设计相诱，把敌人引出坚固的据点，或者把敌人诱入对我军有利的地区，这样做才可以取胜。

东汉末年，孙策欲向北扩张夺取江北卢江郡。卢江郡地势险要，易守难攻。占据卢江的刘勋势力也很强大，野心勃勃。孙策知道强攻胜算太小，便和众将商议出了一条调虎离山的妙计。孙策派人给刘勋送去一份厚礼，在信中把刘勋大肆吹捧一番。并表示要与刘勋交好。孙策还以弱者的身份向其求助，以拒上缭之敌。刘勋见孙策极力讨好他，万分得意。并且上缭一带十分富庶，刘勋早想夺取，今见孙策软弱，决定发兵上缭。部将刘晔极力劝阻,刘勋哪里听得进去?亲自率领几万兵马去攻上缭。孙策立即率领人马,水陆并进,袭击卢江成功。刘勋猛攻上缭未果,又得知卢江失守,只能灰溜溜地投奔曹操。

东汉安帝初年,分布在玉门关以西的羌人反叛朝廷,出兵进犯武都郡。

当时东汉政府腐败,国内政局动荡,各地农民起义军风起云涌,安帝年幼,朝中政事由安帝的母亲邓太后掌管,面对羌族的叛乱十分慌张。

司徒孙磨乐推荐虞诩

故事三十六计

担任武都郡的太守,领兵三千制敌。

兵至陈仓崤谷,羌人得知消息后,派出一万余人占据有利地形,突然包围了虞诩的三千部队。

虞诩见所有的条件都对自己不利,没有马上组织突围,而是命令自己的部队就地驻扎下来。然后,故意扬言要上书安帝增派兵力,等援军到后再行进击。

羌人得到这个消息,并且发现汉军安居营地一直毫无动静,便马上将大队人马分散到邻近各县去肆意抢掠,搜刮财物。虞诩趁羌人分散兵力

的大好时机，指挥部队突然突围。

行军途中，虞诩一面催促军队急行，一面故意增加灶坑的数量，迷惑敌人，羌兵见灶坑数量众多，以为汉军援兵已到，不敢轻举妄动，只是在后面尾随而不敢攻击。

虞诩大军很快攻进武都，恢复秩序，继而休养三军，只等羌军前来。

羌人经过远行十分疲惫，加上不明白汉军的真实情况，因而心怀畏惧，士气低落。

那是一个西北地区少有的阴雨天，羌人主力开向武都。

当时正当中午，羌军人困马乏，全军便在路边休息吃饭。汉军突然如潮水般涌来，羌人连日劳累，战斗力极低，汉军很快击溃羌军。

虞诩巧妙地使用"调虎离山"之计，果然取得了以少击多、大败强敌的辉煌战绩。

公元29年汉光武帝刘秀派手下大将耿弇

率十几万大军去消灭盘踞地方的军阀张步。张步命大将费邑把守历下城,又在祝阿、泰山和钟城一些地方布兵,想挡住汉军。

耿弇的大军很快攻下了祝阿和泰山城,钟城的守军也吓得丢下了城池逃跑了。费邑赶紧重新部署兵力,他命令说:"让我的弟弟费敢带领一部分人马立刻去驻守重镇巨里,命令全军将士死守不出!"

耿弇听到这种情况以后,休整兵士不忙进攻,并扬言三天以后攻打巨里城。

耿弇手下的部将们不解其意,纷纷质疑。耿弇解释说:"费邑是张步手下实力最强的一支队伍,只有消灭了费邑,才能引出张步,并在野外消灭他。"

这个消息传到历下城内,费邑真的率兵增援巨里。

这下,可把耿弇高兴坏了,一边派一支队

故事三十六计

伍赶到巨里阻击费敢,一边亲率大队人马急行赶到通往巨里的开阔地带,占领有利地形埋伏下来。费邑的三万人马赶到了,被汉军团团包围在那里,很快就被耿弇率领的汉军击溃了,费邑也被汉军杀死。接着,耿弇的汉军又收复了巨里城。

就这样,耿弇用很小的代价,占领了巨里,又迅速攻下了历下,为平定张步的割据势力奠定了坚实的基础。

第十六计 欲擒故纵

欲擒故纵：想要捉住对方，暂时故意放开对方。意思是说，为了进一步控制对方，先故意放松一点。

欲擒故纵中的"擒"和"纵"，是一对矛盾。军事上，"擒"是目的，"纵"是方法。古人有"穷寇莫追"的说法。实际上，不是不追，而是看怎样去追。把敌人逼急了，他只得集中全力拼命反扑。不如暂时放松一步，使敌人丧失警惕，斗志松懈，然后再伺机而动，歼灭敌人。

诸葛亮七擒孟获，就是军事史上一个"欲擒故纵"的绝妙战例。蜀汉建立之后，定下北伐大计。当时西南夷酋长孟获率十万大军侵犯蜀国。诸葛

故事三十六计

亮为了解决北伐的后顾之忧，决定亲自率兵先平孟获。蜀军主力到达泸水附近，事先在山谷中埋下伏兵，诱敌出战，孟获被诱入伏击圈内，兵败被擒。

按说，擒拿敌军主帅的目的已经达到，敌军一时也不会有很强战斗力了，但是为能让少数民族真心归附使后方得以安定，诸葛亮断然释放孟获。

孟获回营，拖走所有船只，据守泸水南岸，阻止蜀军渡河。诸葛亮设计夺取了孟获的粮仓，孟获暴怒，要严惩将士，激起将士的反抗，于是相约投降，趁孟获不备，将孟获绑赴蜀营。诸葛

亮见孟获仍不服,再次将他释放。以后孟获又五次被擒,五次被释放。诸葛亮的大义之举终于感动了孟获,他感谢诸葛亮不杀之恩,誓不再反。从此,蜀国西南安定,诸葛亮才得以举兵北伐。

两晋末年,幽州都督王浚企图谋反篡位。晋朝名将石勒闻讯后,打算消灭王浚的部队。王浚势力强大,石勒恐一时难以取胜。他决定采用"欲擒故纵"之计,麻痹王浚,他派门客王子春带了大量珍珠宝物,敬献王浚,并写信向王浚表示愿意拥戴他为天子。信中说:"现在社稷衰败,中原无主,只有你威震天下,有资格称帝。"王子春又在一旁添油加醋,说得王浚心里喜滋滋的,信以为真。正在这时,王浚有个部下名叫游统的,伺机谋叛王浚。游统想找石勒做靠山,石勒却杀了游统,将游统首级送给王浚。这一着,使王浚对石勒绝对放心了。

公元314年,石勒探听到幽州遭受水灾,老百姓没有粮食,王浚不顾百姓生死,苛捐杂税有增无减,民怨沸腾,军心浮动。石勒决定亲自率领部队攻打幽州。这年4月,石勒的部队到了幽州城,王浚还蒙在鼓里,以为石勒来拥戴他称帝,根本没有准备应战。等到他突然被石勒的将士捉拿时,才如梦初醒。王浚中了石勒"欲擒故纵"之计,身首异处,美梦成空。

"欲擒故纵"术还常用于侦破、断案中,我

国唐代著名的捕官苏无名,就曾用"欲擒故纵"之术成功地捕抓过盗贼。

武则天曾经赐给太平公主许多珍宝,但这些珍宝不久就丢了,武则天得知这一情况后大怒,召见洛阳长史说:"三天之内破案,不然就定你死罪。"

洛阳长史向女皇推荐了一位机智的捕官苏无名。很快苏无名被传入宫中,他对女皇武则天说:"如果让我捉贼,请陛下不要着急,应耐心等待。请把两个县的吏卒全归我调遣。只要这样,保证用不了多少时间,我就可以捉住这些贼。"武则天答应了他的全部要求,苏无名告诉吏卒,抓贼的事不要着急,等下月再说。

到了3月寒食节那天,苏无名把吏卒们集合起来,说:"你们分成十五人一队,到东门、北门守候,凡是看到有十几个胡人,穿着孝服,可以跟上看他们干什么,并且赶紧向我报告。"

不久,吏卒们果然发现有这样一伙人出城,就跟在后面观察,并向苏无名报告,说这伙胡人到一座新坟前祭奠,虽然在哭却并不悲伤,撤下供品以后,他们绕着坟走,而且相对而笑。

苏无名听到报告后,说:"找到那些贼了。"于是命令那些吏卒赶快抓住那些胡人,并且挖开那座新坟,劈开棺材,里面装的正是那些珍宝。

武则天见到珍宝后,十分高兴,问苏无名是如何抓到盗贼的。

苏无名答道:"我也没什么高招,只是能识破那些盗贼罢了。我来都城那天,正是那些胡人出殡时,我已看出他们是小偷,但不知他们将珍宝藏在何处。我估计,寒食日暮时,他们还要出城。如果当时陛下急于捉贼,他们听到风声紧,必会马上取出珍宝逃走。所以我采取了'欲擒故纵'的方法,不去惊动他们。今日就把他们全抓获了。"武则天对苏无名大加赞赏,并给他官升两级。

第十七计 抛砖引玉

抛砖引玉：原意是抛出砖头，引来玉石。此计用于军事，是指用相类似的事物去迷惑、诱骗敌人，使其上当，中我圈套，然后乘机击败敌人的计谋。"砖"和"玉"，是一种形象的比喻。"砖"，指的是小利，是诱饵；"玉"，指的是作战的目的，即大的胜利。"引玉"才是目的，"抛砖"只是为了达到目的的手段。钓鱼需用钓饵，先让鱼儿尝到一点甜头，它才会上钩；敌人占了一点便宜，才会误入圈套，吃大亏。

公元前700年，楚国用"抛砖引玉"的策略，轻取绞城。这一年，楚国发兵攻打绞国，兵临城下，绞国自知出城不能力敌，决定依仗险要地势坚守城池。两军相持一个多月。楚国大夫屈瑕仔细分析了敌我双方的情况，认为绞城需要智取。攻城不下，不如利而诱之。趁绞城被围月余，城中缺少薪柴之时，派些士兵装扮成樵夫上山打柴运回来，敌军一定会出城劫夺柴草。头几天，让他们先得一些小利，等他们麻痹大意，大批士兵出城劫夺柴草之时，先设伏兵断其后路，然后聚而歼之，趁

故事三十六计

势夺城。绞侯见有利可图,果然中计。

这天,绞国士兵像前几天一样出城劫掠,"樵夫"们见绞军又来劫掠,吓得没命地奔逃,绞国士兵紧紧追赶,被引入楚军的埋伏圈后,伏兵四起,绞国士兵不能抵挡,死伤无数。楚王此时趁机攻城,绞侯只得请降。

公元690年,契丹攻占营州。武则天派曹仁师、张玄遇、李多祚、麻仁节四员大将西征,想夺回营州,平定契丹。契丹先锋孙万荣熟读兵书,颇有计谋。他清楚唐军来势凶猛,正面交锋,于己不利。他首先在营州制造缺粮的舆论,并故意让被俘的唐军逃跑,唐军统帅曹仁师得知营州严重缺粮,城内契丹将士军心不稳,心中大喜,认为契丹不堪一击。唐军先头部队张玄遇和麻仁节都想夺头功,率部日夜兼程,赶到西硖石谷,只见道路狭窄,两边悬崖绝壁。按照用兵之法,这里正是设埋伏的险地。可是，张、麻二人误以为契丹士卒早已饿得不堪一击了，加上夺取头功的心情驱使，下令部队继续前进。只听一声炮响，绝壁之上，箭如雨下，唐军人马自相践踏，死伤无数。孙万荣亲自率领人马从四面八方进击唐军，张、麻二人被契丹军生擒。孙万荣利用搜出的将印，立即写信报告曹仁师，谎报已经攻克营州，曹仁师马上率部奔往营州。结果重蹈覆辙，在西硖石谷，几乎全军覆没。

《聊斋志异》里《胭脂》的故事中聪明的施愚山就是用诱敌法，把复杂的案情断明的。

东昌

有个姓卞的牛医,有个女儿叫胭脂,虽然长得聪明美丽,却因家庭卑微,年满16岁还未订婚。对门姓王的女人常到胭脂家串门。一天,胭脂送王氏出门,正好遇见一个秀气的书生路过门口,见后有些动心,被王氏看出了心思。王氏认识这个新近丧偶的鄂秋隼,便向胭脂述说了他的情况,表示愿为胭脂做媒。

王氏回家将这事当做笑话告诉了奸夫宿介,并开玩笑地要宿介去转告鄂生。宿介也贪慕胭脂美貌,动了邪念。第二天夜里,宿介冒充鄂秋隼爬墙来到胭脂窗前,骗开了胭脂房门。胭脂怀疑来人不是鄂生,拼命反抗。宿介强行抓住了姑娘的

脚,扯下一只绣鞋就走。宿介溜回王氏家,暗中一摸,绣鞋竟不见了。巷子里有个无赖毛大,捡到了这只绣鞋,又在王氏窗下听到了事情经过。

几天后的一个夜晚,毛大翻墙跳进胭脂家里,误闯到老汉房间外边。老头见夜里来了坏人,便抄起一把斧子闯了出去。毛大夺过斧子将老头杀了就跑。胭脂听到声音打着灯笼跑了出来,看到父亲被杀死,而自己的绣鞋落在墙下。在母亲追问下,胭脂只好说了实情。

第二天,鄂秋隼被传到县衙,受不住刑具之苦,屈打成招。济南知府吴南贷提审鄂秋隼后,暗地里派人单独问他,得知了真相,又提审胭脂,问出了王氏。释放鄂秋隼后,逮捕宿介并严刑讯问,宿介在严刑逼供下,只好承

认是他杀了人,被判死刑,单等秋后问斩。
宿介听说过山东学使施愚山贤德有才,绝望中想起了他,便给他写了一封申冤信。施愚山从宿介的情妇王氏入手,弄清楚还有几个地痞无赖对她不怀好意,便断定凶手在他们当中。

这天,施愚山下令把几个疑犯一齐拘捕

到案，这些疑犯中就有毛大。当夜，施愚山把疑犯押到城隍庙，说："你们不肯招认，就让神鬼来指出凶手。"于是叫人把神殿的所有灯烛熄灭，将这些疑犯赶进黑屋中，让他们洗了手，一个个站到墙跟前，对他们训诫说："面对墙壁不许动，杀人的，一定有鬼神在他背上写字。"过了一会儿，把他们叫出逐个验看。施愚山指着毛大说："你就是杀人凶手。"原来，施愚山早叫人在神殿的墙上抹了白灰，用煤烟给疑犯们洗手，毛大怕神鬼在后背做记号，就紧紧靠在墙壁上，出来时又用手挡着背。这样，毛大只得承认了罪行。

施愚山先用"以神断案"之法慑服人心，接着弄清楚了事实真相，因此破解了复杂的案情。

第十八计 擒贼擒王

擒贼擒王：原意是捉拿贼人，就要先捉贼人的首领。语出唐代诗人杜甫《前出塞》："挽弓当挽强，用箭当用长，射人先射马，擒贼先擒王。"民间有"打蛇要打七寸"的说法，也是这个意思，蛇无头不行，打了蛇头，这条蛇也就完了。此计用于军事，是指打垮敌军主力，擒拿敌军首领，使敌军彻底瓦解的谋略。擒贼擒王，就是捕杀敌军首领或者摧毁敌人的首脑机关，使敌方陷于混乱，便于彻底击溃。指挥员不能满足于小的胜利，要通观全局，扩大战果，以得全胜。如果错过时机，放走了敌军主力和敌方首领，就好比放虎归山，后患无穷。

唐朝安史之乱时，安禄山气焰嚣张，连获大捷，安禄山之子安庆绪派勇将尹子奇率十万劲旅进攻睢阳。御史中丞张巡据城固守，安军多次攻城，均被击退。尹子奇见士兵已经疲惫，只得鸣金收兵。晚上，安军刚刚准备休息，忽听城头战鼓隆隆，喊声震天。尹子奇急令部队准备与冲出城来的唐军激战，而张巡只是不时擂鼓，像要杀出城来，可是一直紧闭城门没有出战。第二天清晨，尹子奇的部队被折腾得整夜没有得到休息，将士们疲乏已极,眼睛都睁不开了,倒在地上就呼呼大睡。这时,城中一声炮响,突然之间,张巡率领守兵冲杀出来。安军从梦中惊醒,惊慌失措,乱作一团。张巡一鼓作气,接连斩杀五十余名敌将和五千余名士兵,敌军大乱。张巡急令部队擒拿敌军首领尹子奇,部队一直冲到敌军帅旗之下。张巡从未见过尹子奇,根本不认识,现在他又混在乱军之中,更加难以辨认。张巡心生一计,让士兵用秸秆削尖做箭,射向敌军。敌军中不少人中箭,他们以为这下完了,没有命了。但是发现,自己中的是秸秆箭,心中

故事三十六计

大喜,以为张巡军中已没有箭了,他们争先恐后向尹子奇报告这个好消息。张巡见状,立刻辨认出了敌军首领尹子奇,急令神箭手——部将南霁云向尹子奇放箭。只见射出的箭正中尹子奇左眼,尹子奇鲜血淋漓,抱头鼠窜,仓皇逃命。敌军一片混乱,大败而逃。

明朝末年,明英宗宠幸太监王振,王振是个奸邪之徒,恃宠专权,朝廷内外没有人不害怕他。当时,北方瓦剌逐渐强大起来,有觊觎中原的野心。王振拒绝了大臣们在瓦剌通往南方的要道上设防的建议,千方百计讨好瓦剌首领也先。公元1449年,也先亲自率

领大军攻打大同，进犯明朝。明英宗决定御驾亲征，命王振为统帅。粮草没有准备充分，五十万大军仓促北上。一路上，又连降大雨，道路泥泞，行军缓慢。也先闻报，满心欢喜，认为这正是捉拿英宗、平定中原的大好时机。等明朝大军抵达大同的时候，也先命令大队人马向后撤退。王振认为瓦剌军是害怕明朝的大部队，畏缩而逃，于是下令追击瓦剌军。也先早已料到，已派骑兵精锐分两路从两侧包围明军。明军先锋朱瑛、朱晃遭到瓦剌军伏击，全军覆没。明英宗无可奈何，只得下令班师回京。明军撤退到土木堡，已是黄昏时分。大臣们建议，部队再前行二十里，到怀来城凭险据守，以待援军。王振以千辆辎重未到为理由，坚持在土木堡等待，也先深怕明军进驻怀来，据城固守,所以下令紧追不舍。在明军抵达土木堡的第二天,也先赶到土木堡并趁势包围了明军。土木堡是一处高地,缺乏水源。瓦剌军控制了当地唯一的水源,明军人马断水两天,军心不稳。也先又施一计,派人送信给王振,建议两军议和。王振误以为这正是突围的好时机,他急令部队往怀来城方向突围。这一下正中也先诱敌之计,明军离开土木堡不到四里地,瓦剌军从四面包围上来。明英宗在乱军中,由几名亲兵保护,几番突围不成,终于被也先生擒。明军没有了指挥中心,溃不成军,五十万大军全军覆没。

第十九计 釜底抽薪

故事三十六计

釜底抽薪：原意是指水在锅内沸腾的时候，从锅底抽出柴火，水就可以停止沸腾。这个比喻很浅显，道理却说得十分清楚。水烧开了，再兑开水进去是不能让水温降下来的，根本的办法是把火退掉，水温自然就降下来了。此计用于军事，是指对强敌不可用正面作战取胜，而应该避其锋芒，削减敌人的气势，再乘机取胜的谋略。釜底抽薪的关键是抓住主要矛盾，一些影响战争全局的关键点，恰恰是敌人的弱点。指挥员要准确判断，抓住时机，攻敌之弱点。比如粮草辎重，如能乘机夺得，敌军就会不战自乱。

东汉末年，军阀混战，河北袁绍趁势崛起。公元199年袁绍率领十万大军攻打许昌，而驻扎在此的曹操兵力只有两万多人。两军在官渡隔河对峙，袁绍仗着人马众多，派兵攻打白马。曹操装做放弃白马，命令主力开向渡口，摆开渡河的架势。袁绍见状，迅速率主力西进，阻挡曹军渡河。谁知曹操虚晃一枪之后，突派精锐回袭白马，初战告捷。

由于两军相持，粮草供给是关键，袁绍从河北调集了大批粮草，屯集在乌巢。曹操探闻乌巢防守空虚,决定偷袭乌巢。他亲自率五千精兵打着袁绍的旗号,夜袭乌巢,乌巢袁军不知是计,对曹军毫不提防。曹军趁势消灭了守粮袁军,将所有的粮草烧毁。袁军得知粮草断绝,军心浮动,袁绍一时也没了主意。曹操借机全线进攻,袁军无心应战,四散溃逃。袁绍逃回河北,从此一蹶不振。

公元前154年,吴王刘濞串通诸侯国楚国,发动叛乱,攻打梁国。汉景帝派大将周亚夫率大军平叛,以解梁国之围。

周亚夫认为,刘濞率领的吴楚大军士气高昂,与之正面交锋,难以取胜。敌人远道而来,粮草供应困难,如能断其粮道,敌军定会不战自退。

所以,周亚夫抢先派重兵控制连接东西两路的重地荥阳,派一支部队袭击吴、楚供应线，自己率领大军袭击并占领敌军后方重镇冒邑。刘濞想不到周亚夫抄了自己的后路，他立即下令部队进攻冒邑，周亚夫坚守不出，刘濞久攻不下。军队的粮草就要断绝了。双方又对峙了数天，周亚夫突然发起猛攻，叛军大败，刘濞落荒而逃。

唐宪宗元和九年，淮西节度使吴少阳病死，其子吴元济向朝廷申请，要求承袭亡父的官位，朝廷没有答应，吴元济便发动了淮西叛变。

故事三十六计

唐宪宗派兵征讨,双方激战三年未分胜负。名将李愬向宪宗皇帝上表请求参战,宪宗大喜,封他为唐邓节度使,奉旨讨贼。李愬用三万人马对抗吴元济的数十万大军。这天,唐军前锋遭遇敌军前哨,一战得胜活捉主将丁士良并将其收降,用其计策接连收服多员敌将。吴元济得知大怒,遣大将李祐率精兵迎击唐军。李祐军粮草缺乏,只好带军兵抢收百姓的粮食,结果被李愬用伏兵将李祐生擒,并将他收降。

转眼进入冬季,李愬依李祐之计,全军

拔营起寨，冒着漫天风雪，奔袭吴元济的老巢——蔡州。

待吴元济被人从梦中摇醒，听到城内的喊杀声时，他的帅府已经被唐兵包围了。

吴元济顿足捶胸，悔之晚矣。就这样，李愬没费多少力气就生擒了吴元济，淮西叛乱平息了。

淮西叛乱平息，李愬所用的就是"釜底抽薪"的计谋，毋庸置疑这是一种"逢强智取"的高妙计策。以他的区区几万人马，若与吴元济的数十万精兵硬拼，当无胜算。所谓"不敌其力，而消其势"，所以，李愬接连收降了丁士良、李祐等吴元济手下最得力的战将，使局面逆转，吴元济元气大亏，只有束手就擒。若李愬不采用"攻心"之策，捉了敌将就杀，那可就无异于扬汤止沸，迫使敌方破釜沉舟、背水一战，官军也就难以取胜了。

第二十计 混水摸鱼

混水摸鱼：原意是在混浊的水中，鱼晕头转向，乘机摸鱼，可以得到意外的好处。此计用于军事，是指当敌人混乱无主时，乘机夺取胜利的谋略。在混浊的水中，鱼儿辨不清方向，在复杂的战争中，弱小的一方经常会动摇不定，这时就有可乘之机。更多的时候，这个可乘之机不能只靠等待，而应主动去制造这种可乘之机。一方主动去把水搅浑，等情况开始复杂起来，然后可借机行事。

唐朝开元年间，契丹屡犯唐朝边境。朝廷派张守珪为幽州节度使，平定契丹之乱。契丹大将可突干几次攻打幽州，未能攻下。可突干派使者到幽州假意表示愿意重新归顺朝廷，以探虚实。张守珪知道其中有诈，便将计就计，客气地接待了来使。第二天，他派王悔代表朝廷到可突干营中安抚，并叮嘱王悔一定要探明契丹内部的底细。王悔在契丹营中发现，契丹众将在对待朝廷的态度上并不一致，他又从一个小兵口中探听到分掌兵权的李过折一向与可突干有矛盾。王悔特意去拜访李过折,装做不了解他和可突干之间的矛盾,当着李过折的面,假意大肆夸奖可突干的才干。李过折听罢,怒火中烧,他告诉王悔,契丹这次求和完全是假意,可突干已向突厥借兵,不日就要攻打幽州。王悔趁机劝说李过折归降。李过折果然心动,表示愿意归顺朝廷。王悔任务完成,立即返回幽州。第二天晚上,李过折率领本部人马,突袭可突干的中军大帐。可突干毫无防备,被李过折斩于营中。忠于可突干的大将涅礼急忙召集人马,与李过折展开激战,杀了李过折。张守圭探得消息,立即亲率人马

赶来接应李过折的部队。唐军火速冲入契丹军营,契丹军内部正在火拼,混乱不堪。张守圭趁势发动猛攻,生擒涅礼,大破契丹军。

三国时期,赤壁大战中曹操大败。为了防止孙权北进,曹操派大将曹仁驻守南郡。这时,孙权、刘备都在打南郡的主意。周瑜因在赤壁大战中大胜曹操,所以没把曹仁放在眼里,便下令进兵攻取南郡。刘备也把部队调到油江口驻扎。周瑜看出刘备的意图,列兵拒之。刘备为了稳住周瑜,

首先派人到周瑜营中拜访。周瑜心想,我一定要见见刘备,看他有何打算。第二天,周瑜亲自到刘备营中回谢,在酒席之中,周瑜单刀直入问刘备:"驻扎油江口是不是要取南郡?"刘备说:"听说都督要攻打南郡,特来相助。如果都督不取,那我就去占领。"周瑜大笑,说:"南郡指日可下,如何不取?"刘备说:"都督不可轻敌,曹仁勇不可当,能不能攻下南郡,话还不敢说。"周瑜一贯骄傲自负,听刘备这么一说,很不高兴,他脱口而出:"我若攻不下南郡,就听任豫州(即刘备)去取。"刘备盼的就是这句话,马上说:"都督说得好,子敬(即鲁肃)、孔明都在场作证。我先让你去取南郡,如果取不下,我就去取。你可千万不能反悔啊。"周瑜一笑,哪里会把刘备放在心上。周瑜走后,诸葛亮建议刘备暂时按兵不动,让周瑜先去与曹兵厮杀。

不久,周瑜发兵,首先攻下彝陵(今湖北宜昌)。然后乘胜攻打南郡,不料,却中了曹仁诱敌之计,自己中箭而返。曹仁见周瑜中了毒箭受伤非常高兴,每日派人到周瑜营前叫战。周瑜只是坚守营门,不肯出战。一天,曹仁亲自带领大军前来挑战,周瑜带领数百骑兵冲出营门大战曹军。开战不多时,忽听周瑜大叫一声,口吐鲜血,坠于马下,被众将救回营中,原来这是周瑜定下的欺骗敌人的计谋,一时传出周瑜箭疮大发而死的消息。周瑜营中奏起哀乐,士兵们都戴了孝,曹仁闻讯,大喜过望,决定趁周瑜刚死,东吴没有准备的机会前去劫营,割下周瑜的首级,到曹操那里去领赏。

当天晚上,曹仁亲率大军去劫营,城中只留下陈矫带少数士兵护城。曹仁大军趁着夜色冲进周瑜大营,只见营中寂静无声,空无一人。曹仁情知中计,急忙退兵,但是已经来不及了。只听一声炮响,周瑜率兵从四面八方杀出。曹仁好不容易从包围中冲出,退返南郡,又遇东吴伏兵阻截,只得往北逃去。

周瑜大胜曹仁,立即率兵直奔南郡。等周瑜率部赶到南郡,只见南郡城头布满旌旗。原来赵云已奉诸葛亮之命,趁周瑜、曹仁激战正酣之时,轻易地攻取了南郡。诸葛亮利用搜得的兵符,又连夜派人冒充曹仁救援,轻易地诈取了荆州、襄阳。周瑜这一回自知上了诸葛亮的大当,气得当场昏了过去,不久便病死了。

第二十一计 金蝉脱壳

金蝉脱壳的本意是：蝉在变为成虫时，要脱去幼虫的外壳。意思是说，只留下表面上的假象，迷惑敌人，实际上自己已经脱身。此计用于军事，是指通过伪装摆脱敌人，撤退或转移，以实现我方的战略目标的谋略。稳住对方，撤退或转移，决不是惊慌失措，消极逃跑，而是保留形式，抽走内容，稳住对方，使自己脱离险境，达到己方战略目标，己方常常可用巧妙分兵转移的机会出击另一部分敌人。

三国时期，诸葛亮六出祁山，北伐中原，在第六次北伐时，在五丈原病死于军中，诸葛亮在临终前向姜维密授退兵之计。姜维遵照诸葛亮的吩咐，在诸葛亮死后，秘不发丧，对外严密封锁消息。姜维又命工匠仿照诸葛亮模样，雕了一个木人，羽扇纶巾，稳坐车中；并派杨仪率领部分人马大张旗鼓，向魏军发动进攻。魏军远望蜀军，军容整齐，又见诸葛亮稳坐车中，指挥若定，不敢轻举妄动。司马懿怀疑这是蜀军的诱敌之计，于是命令部队后撤，以静观其变。姜维趁机指挥部队迅速转

故事三十六计

移,安全撤回汉中。

宋朝开禧年间,金兵屡犯中原。宋将毕再遇奉命与金军对垒,打了几次胜仗。不久,金兵调集数万精锐骑兵,要与宋军决战。此时,宋军只有几千人马,毕再遇为了保存实力,准备暂时撤退。

毕再遇暗中做好撤退的部署,当天半夜时分,宋军兵士擂响战鼓,金军听见鼓响,以为宋军趁夜劫营,急忙备战。可是,只听见宋营中战鼓隆隆,却不见一个宋兵出城。宋军连续不断地击鼓,搅得金兵整夜不得休息。金军的头领断定是疲兵

之计，根本不予理会。到了第三天，金军首领断定宋军已经疲惫，就派军分几路包抄，这才发现宋军已经全部安全撤离了。

原来，毕再遇命令兵士将数十只羊的后腿捆好绑在树上，使倒悬的羊的前腿拼命蹬踢，又在每只羊腿下放了鼓，羊腿拼命蹬踢，鼓声便隆隆不断。毕再遇用"悬羊击鼓"的计策迷惑了敌军，利用两天的时间安全转移了。

南北朝时期，南朝宋将檀道济率军去攻打北魏士兵，宋军英勇作战，取得了一个又一个胜利。这天，宋军攻到历城，檀道济想让部队先休息一下，然后准备和北魏军队再打一仗。但是，军队的督粮官告诉檀道济，说军粮已经快没了，无奈，檀道济只得下令撤兵。宋军当中有一个士兵投降了魏军，还把宋军快没粮草的事儿说了出来。檀道济知道后，让宋军士兵在粮袋中装满沙子，又让士兵在路旁洒了一些粮食，制造假象。

天亮以后，宋军开始撤退了。

魏军随后追来，看见路边散落的粮食，怀疑宋军并不缺粮，所以不敢轻进，只是远远地跟在宋军后边，观看宋军的动静。

檀道济却非常镇定，他特意穿一身洁白的衣服，悠然自得地坐在一辆车子上，率领着部队慢慢地前进。檀道济还命令将士们昂着头，挺起胸，把队伍排得整整齐齐。

魏军恐有伏兵，赶紧停了下来。

最后檀道济率领着宋军安全地撤退了。

"金蝉脱壳"并不是一

种临阵脱逃的手段，确切地说，它是一种极为高明的进攻战术，或者说，是一种迂回手段，借以蒙蔽敌人的高明的进攻战术。

唐初有一位死后被尊为"托塔天王"的将军，名叫李靖。他当时任定襄行军总管，率兵抵御东突厥部队的入侵。东突厥是大唐北方的强国。此时，大唐初立，国势并不强盛。唐太宗李世民刚刚登基，无暇北顾，迫不得已只得向颉利可汗纳贡称臣。

公元630年，李世民决心消灭东突厥。他再三斟酌，选定定襄行军总管李靖为帅。

这样，李靖只带三千铁骑对抗数万敌兵，他认为敌人强悍不能力敌，应该智取。

这夜，月黑风高。李靖下令偷袭突厥，唐军轻松地摸进了突厥的大营，放起火来。突厥兵的营帐很快成了一片火海，突厥的数万精兵一触即溃。李靖乘胜追击，直逼颉利可汗的东突厥都城,颉利可汗撑不住了,只能向大唐天子请降。

李靖怀疑突厥诈降,计划利用颉利可汗忙着议和,放松戒备,将其置于死地。

次日,唐朝使者前往铁山与颉利可汗会盟,李靖命令督粮官悄悄筹集粮草,准备出征。

东突厥虽然在这一役中被李靖打败,但元气并未受损,只是暂时难以组织起强大的攻势而已。故而可汗便来了个诈降唐朝,暗聚兵力,以图再战。他一见唐使者来了,就以为唐太宗暂时不会再发兵。

李靖得了密报,立刻传令一万精骑偷袭突厥大营,将颉利可汗的军队杀得措不及防。唐军大获全胜,东突厥军队死伤大半,从此一蹶不振。

"金蝉脱壳"计是撤退的极好招法,而撤退是为了什么呢?当然不是为了逃之夭夭,而是要"抽精锐以袭别阵",最终取得全盘的胜利。

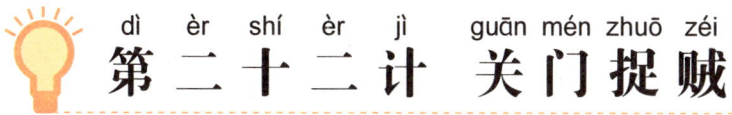

第二十二计 关门捉贼

关门捉贼：把房门关上，捉住盗贼。是指对弱小的敌军要采取四面包围、聚而歼之的谋略。如果让敌人得以脱逃，情况就会十分复杂。穷追不舍，一怕它拼命反扑，二怕中敌诱兵之计。这里所说的"贼"，是指那些善于偷袭的小部队，它的特点是行动诡秘，出没不定，行踪难测。它的数量不多，破坏性却很大，常会趁我方不备，侵扰我军。所以，对这种"贼"，不可放其逃跑，而要断他的后路，聚而歼之。当然，此计运用得好，绝不只限于"小贼"，甚至可以围歼敌人主力部队。

公元前262年，秦国大将王龁率军攻占了韩国的野王城，切断了上党同韩国内地的联系，上党守将冯亭孤立无援，难以把守，决定带领军民归顺赵国。

使者风尘仆仆赶到赵国都城邯郸，赵孝成王自然高兴，急忙派平原君赵胜从冯亭手里接管了上党地区的十七座城池。

两年之后，秦昭王又派王龁率军来攻打赵国，夺取了上党。赵孝成王急忙命令老将廉颇带领二十万人马赶往长平迎敌。

秦军来势凶猛，廉颇深知不可与之争锋。就每日督促赵军士兵固守不出，待到秦军人困马乏，粮草断绝之时，再出战制胜。因此，不管秦军怎样叫骂挑战，廉颇皆充耳不闻。

秦昭王在秦国都城咸阳，得知长平的情况后，立即召谋臣范雎商量对策。范雎建议避开廉颇，诱使赵王任用其他无能的将领来指挥战局，这样秦军便可轻易取胜。秦王依计去贿赂赵国的贵族、大臣，散布诋毁廉颇的坏话，另外还散布谣言说秦国并不怕廉颇，却很惧怕大将赵括。赵孝成王在这些受贿大臣的鼓动下，果然让赵括领二十万人马赶赴长平，代替廉颇为主帅。

赵括虽然自幼熟读兵法，但

只是纸上谈兵,并无实战经验。

得知廉颇被召回邯郸,秦昭王不禁仰天大笑,随后立即派名将白起赶至长平前线指挥作战。

两军刚一交战,秦军故意败阵逃走。赵括忙下令追杀,结果中了大将军白起的埋伏,将赵军围困并且切断了赵军的粮道。

原来,秦国大将白起用的正是"关门捉贼"之计。赵括无奈,只能舍命突围,结果被射杀在乱军之中,四十万赵军俘虏全部被秦军杀害。

公元880年,黄巢率领起义军攻克唐朝都城长安。唐僖宗仓皇逃到四川成都,纠集残部,准备和起义军决战。

第二年,唐军部署已完成,出兵企图收复长安。凤翔一

战，义军将领尚让轻敌，中了埋伏，被唐军击败。这时，唐军声势浩大，乘胜进兵，直逼长安。

黄巢见形势危急，召众将商议对策。众将分析了敌众我寡的形势，认为不宜硬拼。黄巢当即决定：部队全部退出长安，往东开拔。

唐朝大军抵达长安，不见黄巢迎战，好生奇怪。先锋程宗楚下令攻城，气势汹汹地杀进长安城内，才发现黄巢的部队已全部撤走。唐军毫不费力地占领了长安，众将欣喜若狂，纵容士兵抢劫百姓财物。士兵们见起义军败退，渐渐地纪律松弛，成天三五成群地骚扰百姓。长安城内一片混乱。唐军将领也被胜利冲昏了头脑，天天饮酒作乐，欢庆胜利。

黄巢派人打听到城中情况，高兴地说："敌人已入瓮中。"当天半夜时分，黄巢急令部队迅速回师长安。唐军沉浸在胜利的喜悦中正呼呼大睡，突然，神兵天降，起义军以迅雷不及掩耳之势,冲进长安城内,杀得毫无戒备的唐军尸横遍地。程宗楚从梦中醒来,只见起义军已冲杀进城,唐军大乱,无法指挥,最后他也在乱军中被杀。黄巢用"关门捉贼"之计,重新占领了长安。

故事三十六计

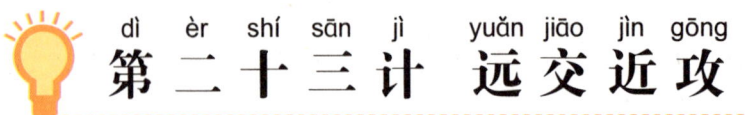

第二十三计 远交近攻

远交近攻：结交远的国家，进攻邻近的国家。意思是说，为了防止或者分化敌人的联盟，要暂时联合远处的敌人，去攻打近处的敌人，然后再消灭远处的敌人。

战国时，秦国和赵国在长平之战中，秦昭襄王听了范雎的话，诱使赵王用纸上谈兵的赵括为大将，秦国才取得了胜利。

范雎本来是魏国人，曾经是魏国大夫陆贾的门客。陆贾怀疑范雎私通齐国，差点杀了他。后来，范雎逃离了魏国，才来到了秦国。

一天，范雎在大街上闲逛，听人说秦国丞相魏冉正在准备攻打齐国。范雎听说后，就给秦王写了一封信，说有重要事情告诉他。

秦昭襄王是一个精明强干的国王，可他的舅舅魏冉做了丞相以后，他处处受到魏冉的牵制。所以秦昭襄王早就想除掉魏冉，就是苦于没有机会。他看了看范雎的信,就约定了日子,请范雎到王宫来。

到了约定的日子,范雎向王宫走去。半路上,秦昭襄王坐着车子迎面走来,原来,秦王是来接范雎的。他看到范雎,连忙向范雎打招呼。谁知,范雎理都不理,秦王的卫兵急忙大喊一声:"大王来了,赶快拜见大王!"范雎却提高嗓门说道:"什么,秦国还有大王?我只知道秦国有太后,有丞相,不知还有什么大王!"这句话正说到秦昭襄王心里去了,他急忙恭恭敬敬地请范雎上车,一起进了王宫。

秦昭襄王叫卫兵们全都退下,对范雎说:"我非常佩服范先生,不知先生有什么重要事

故事三十六计

情指教呀？"

"大王，我不是秦国人，平常和大王没什么深交。我虽然甘心为大王效劳，但不知大王愿听我说些什么？"

"先生！不管大事小事，请您尽管直说吧，我都愿意听。"

范雎连忙朝着秦昭襄王拜了几拜："好，大王能给我机会，我就是死了也心甘呀！"

于是，他说了起来："大王！现在诸侯争斗，天下大乱。可对秦国来说，占有天时、地利、人和等因素，除了秦国能统一天下，还有哪个

国家能行呢?可秦国这么多年却没有多大成就,这完全是因为秦国没有好的外交政策。听说大王同意丞相发兵去攻打齐国啦?"

秦昭襄王听范雎这么说,感到很纳闷:"先生!难道攻打齐国有什么不对吗?"范雎说:"大王!您想过没有,秦国和齐国相距那么远,中间还隔着韩国和魏国。秦国出兵少了,肯定打不败齐国。要是出兵太多,耗费又很大。再说,即使能够打败齐国,大王又如何把得到的土地与秦国连起来呢?依我看,大王应该改变一下对外政策,实行'远交近攻'!"

"什么叫'远交近攻'?"秦昭襄王问。

范雎不慌不忙地说:"'远交',就是对离得远的国家施行交好,订立盟约,这样,大王就可以减少敌对国家;'近攻',就是对邻国采取进攻的策略。这样,大王打下一寸土地,就可以得到一寸,打下一尺,就能得到一尺。所以，大王不要同意丞相攻打齐国，应该先去攻打韩国和魏国。"

秦昭襄王越听越兴奋，一把拉住范雎的手说道："打下韩国和魏国，齐国也就保不住了！"

"对！大王要是能用这个政策，用不了多少年，完全可以统一天下。"

"好！就照先生说的做，'远交近攻'！"

于是，秦昭襄王拜范雎当了客卿，又把准备攻打齐国的兵马撤了回来。后来，秦昭襄王让范雎当了丞相。

由于秦昭襄王采用了范雎"远交近攻"的政策，夺取了很多土地。最后，秦国终于统一了天下。

第二十四计 假途伐虢

假途伐虢：向虞国借路去攻打虢国，然后再来消灭虞国（虞国和虢国是春秋时的诸侯国）。意思是说，向一个国家和地方借路，实际上是要侵占这个国家和地方。

春秋时期，各诸侯国之间的兼并战争经常发生。晋国是当时诸侯国中的大国，晋国的南面有两个小国：虞国和虢国。

晋国早就产生了吞并这两个小国的野心。晋献公听说虢国有一件宝贝，就仗着比虢国强大，便派使者前去索要，可是虢国并未屈服，晋献公恼羞成怒，打算借机讨伐虢国。

晋献公采用了大臣荀息的建议，用财宝和骏马贿赂在晋国和虢国中间的虞国的君主，以换取通融自己的军队通过虞国，讨伐虢国。

公元655年，荀息带着玉石和千里马来到了虞国。虞公贪图小利，不顾群臣的劝阻非常爽快地就答应了晋国的要求。

荀息回到晋国,把这件事情一说,晋献公立刻命令荀息和里克为大将,率领晋国大军攻打虢国。

晋国军队穿过虞国,气势汹汹地来到虢国,包围了虢国都城。晋军兵强马壮,小小的虢国哪里抵抗得住呢?没几天,荀息和里克就率军攻下了虢国都城。虢国灭亡了。

过了一个多月,晋军回来了。路过虞国都城时,荀息命令士兵们驻扎在城外。他拿了许多从虢国抢来的金银珠宝去拜见虞公。虞公看到这么多的珍宝,高兴得合不拢嘴。不过,他也担心晋国军队留在城外不走会发生意外,就问荀息:"荀将军,你们的军队什么时候回国呀?"荀息回答说:"我们休息两天,立刻就回国!"虞公这才放心了。

可两天过去了,晋军还没撤走。到了第

三天早晨,虞公被一阵吵闹声惊醒了。他急忙穿好衣服登上城楼一看,城外到处都是晋国的军队,正向城门涌来,当中有一个像是晋献公。虞公有点害怕了,对手下人说:"快去看看,怎么回事儿?"

不一会儿,手下人回来说:"晋献公担心荀息攻不下虢国,亲自率军前来帮助荀息。现在荀息已打败了虢国,他向国君道谢来了!"

虞公一听,脸上露出了笑容:"好,打开城门,迎接晋献公!"

没想到,虞

故事三十六计

国士兵刚一打开城门，晋献公把宝剑用力一挥，晋军立刻就像潮水一样涌进了城里，朝着虞国士兵杀来。没过多久，虞国士兵就被打得落花流水。就这样，晋国也顺便灭了虞国。

三国时期，袁绍曾经屯兵武陟。因武陟非常贫困，连军队的粮草都不能保障，因此袁绍对富庶的冀州非常向往，想攻占这个地方，却没有好的办法。谋士逢纪看出了袁绍的心思，就给他献计说："主公可暗中派人与公孙瓒联

系，联合他一起攻打冀州，就说攻占以后，我们双方平分冀州。公孙瓒是个见利忘义的人，必然兴兵攻打冀州。而冀州牧韩馥是个无能之辈，无勇无谋，到时一定会向我们求救，那时我们便可以向韩馥借道进攻公孙瓒，同时趁机占领冀州。"

袁绍按谋士的计策行事，公孙瓒果然攻打了冀州，韩馥吓得惊慌失措，不顾下属的劝阻，向袁绍求救。袁绍大模大样地来到冀州，把韩馥的权力全部剥夺，反客为主。袁绍虽然是借机而入，却无"假道"的嫌疑，顺利地占领了冀州。

故事三十六计

第二十五计 偷梁换柱

偷梁换柱：悄悄地撤下大梁，换上柱子。意思是说，用偷换的办法，暗中改换事物的本质和内容，以达蒙混欺骗的目的。"偷天换日"、"偷龙换凤"、"调包计"也是同样的意思。"偷梁换柱"在政治、经济、外交等活动中常被用作奇谋奇计来取胜敌人、解决矛盾、平息事端。

北宋年间，张咏在益州任知府，招抚使王继恩部队正好驻扎在这里。王继恩的部队纪律松散，经常骚扰当地百姓。

有一天，一个百姓来官府告状，告发王继恩军中的士兵仗势欺人，抢劫财货。那个士兵听说人家告发了他，怕被治罪，便逃走了。

张咏派衙役去追捕，并对那个衙役说："不管你抓住抓不住那个逃兵，都要把一件衣服找个井扔进去，然后来报告我，就说那个士兵逃走之后，投井自杀了。"

王继恩的部队中也因此事引起了骚乱，

士兵们散漫惯了，认为抢了老百姓一点东西不算什么，而张咏竟派人去追捕，很不满意，甚至包围了府衙，气势汹汹地准备闹事。

此时，那个衙役按张咏的指示，办完事就回来报告。准备闹事的士兵一听那人已投井而死，立即撤走了。这一偷梁换柱的做法，既避免了军队与地方的矛盾，又免去了一场纠纷。

作为地方官，不处罚勒索百姓财物的士兵是不对的，但是闹得军队和地方关系不和，因小事而引起大摩擦也是得不偿失

的。张咏用"偷梁换柱"的办法巧妙地解决了问题。

沈括的《梦溪笔谈》里记载着这样的故事：公元1004年，辽国军队攻打北宋王朝，宋真宗亲自到澶州（今河南濮阳市）督战，宋军大获全胜。辽国一看不好，提出议和。谁知宋真宗真的竟然和辽国订立了和约，这就是历史上的"澶渊之盟"。

这么一来，雄州（今河北雄县）就成了和辽国接壤的边境城市。当时，雄州的北效居住着不少北宋的老百姓，这里没有城墙，经常被辽国军队侵略和骚扰。北宋王朝想建造一座城堡，可又害怕辽国以此为借口闹事。

当时，李允担负防守雄州的任务，他想出了一个好办法。这天，李允搜集了许多白银，铸造了一个银香炉。然后，把银香炉放在雄州北郊的一座寺庙内。

谁知道,没过几天,银香炉就被人偷走了。李允听到这个消息,非常着急,命令士兵四处张贴告示,抓偷香炉的小偷。

告示贴得到处都是,很快传得城里城外都知道了。李允亲自带着士兵到处搜查,也没有看到香炉的影子。大伙问李允怎么办,李允想了想,说:"丢了一个香炉倒没什么,可北郊的寺庙里全是一些值钱的东西,要是再丢失了就不好办了。唉,如果这北郊有城墙,那香炉也就丢不了啦!"

"那您还不下命令快点修城墙呀?"

"看起来,非得修造城墙了!好,马上组织人力,修造北郊城墙。"

故事三十六计

于是，李允组织民工，没白天没黑夜地干了起来。结果不到十天，一座城堡就出现在了雄州城的北郊。

当辽国军队还没琢磨出李允筑城的军事目的时，雄州北郊城已经成了与辽国对峙抗衡的防御堡垒。

沈括在《梦溪笔谈》里记述了这个故事以后，说："神奇的谋略和计策，并不是妙在使人觉得玄乎，而是妙在用符合情理的形式，非常自然地做，从而达到欺骗对方的目的。"

第二十六计 指桑骂槐

指桑骂槐：本意是指着桑树，大骂槐树。此计的比喻意义应从两方面广为理解。一是要运用各种政治和外交谋略，"指桑"而"骂槐"，施加压力配合军事行动。对于弱小的对手，可以用警告和利诱的方法，不战而胜。对于比较强大的对手也可以旁敲侧击威慑他。另外，作为部队的指挥官，必须做到令行禁止，法令严明。否则，指挥不灵，令出不行，士兵一盘散沙，怎能打仗！所以，历代名将都特别注意军纪严明。管理部队，刚柔相济，关心和爱护士兵，坚决不能有令不从，有禁不止。所以，有时采用"杀鸡儆猴"的方法，抓住个别坏典型，从严处理，就可以震慑全军将士。

春秋时期，齐景公任命穰苴为将，带兵攻打晋、燕联军，又派爱臣庄贾做监军。穰苴与庄贾约定第二天中午大军出发。第二天，穰苴早早来到了营中，可庄贾到晚上才来到军营，穰苴当着全军将士的面把他斩首示众。全军将士看到主将毫不留情地杀了违犯军令的大臣，个个吓得发抖，谁还敢不遵将令。这时，景公派来的使臣飞马闯入军营，拿景公的命令叫穰苴放了庄贾。穰苴沉着地应道："将在外，君命有所不受。"他见来人骄狂，便又叫来军法官，问道："乱在军营跑马，按军法应当如何处理？"军法官答道："该斩。"来使吓得面如土色。穰苴不慌不忙地说道："君王派来的使者，可以不杀。"于是下令杀了他的随从和三驾车的左马，砍断马车左边的木柱，然后让使者回去报告。穰苴军纪严明，军队战斗力旺盛，果然打了不少胜仗。

春秋时期，吴王阖闾看了大军事家孙武的著作《孙子兵法》，非常佩服，立即召见孙武。吴王说："你的兵法，真是精妙绝伦。你能不能当面给我演示一下，让我开开眼界呢？"孙武说："这个不难。您可以随便找些人来，我马上操练给您看看。"吴王一听，心生好奇。随便找些人来就可操练？吴王想存心为难一下孙武，说道："我的后宫里美女很多，先生能不能让她们来操练操练？"孙武一笑说："行呀！任何人都可以操练。"

于是,吴王从后宫叫来一百八十名美女。众美女一到校军场上,只见旌旗招展,战鼓列列,煞是好看。她们嘻嘻哈哈,东瞅西瞧,漫不经心。孙武下令一百八十名美女编成两队,并命令吴王的两个爱姬作为队长。两个爱姬哪做过带兵的官儿,只是觉得好笑好玩。好不容易,才把稀稀拉拉、叫叫嚷嚷的美女们排成两列。

孙武十分耐心地、认真细致地对这些美女们讲解操练要领。交代完毕,命令在校军场上摆下刑具。然后威严地说:"练

兵可不是儿戏！你们一定要听从命令，不得马马虎虎，嬉笑打闹，如果谁违犯军令，一律按军法处理！"

美女们以为大家是来做做游戏的，不想碰见这么个一脸正经的人！这时，孙武命令擂起战鼓，开始操练。孙武发令："全体向右转！"美女们一个也没有动，反而轰然大笑。孙武并不生气，说道："将军没有把动作要领交代清楚，这是我的错！"于是他又一次详细讲述了动作要领，并问道："大家听明白了没有？"众美女齐声回答："听明白了！"

鼓声再起，孙武发令："全体向

左转!"美女们还是一个未动,笑得比上次更加厉害了。吴王见此情景,也觉得有趣,心想:你孙武再大的本领,也无法让这些美女听你的调动。

孙武沉下脸来,说道:"动作要领没有交代清楚,是将军的过错,交代清楚了,而士兵不服从命令,就是士兵的过错了。按军法,违犯军令者斩,队长带队不力,应先受罚。来人,将两个队长推出斩首!"吴王一听,慌了手脚,急忙派人对孙武说:"将军确实善于用兵,军令严明,吴王十分佩服。这次,请放过寡人的两个爱姬。"孙武回答道:"将在外,君令有所不受。吴王既然要我演习兵阵,我一定要按军法规定操练。"于是,将两名爱姬斩首示众,吓得众美女魂飞魄散。

孙武命令继续操练,

他命令排头两名美女继任队长。全场鸦雀无声。鼓声第三次响起,众美女精神集中,处处按规定动作,一丝不苟,顺利地完成了操练任务。吴王见孙武斩了自己的爱姬,心中不悦,但仍然佩服孙武治兵的才能。后来,吴王以孙武为将,终使吴国挤进强国行列。

第二十七计 假痴不癫

假痴不癫：表面上假装痴呆，实际上并不是如此。意思是说，当形势不利时，表面上装疯卖傻，内心却非常镇定。

假痴不癫，重点在一个"假"字。这里的"假"，意思是伪装。用于政治谋略，就是韬晦之术，在形势不利于自己的时候，表面上装疯卖傻，给人以碌碌无为的印象，隐藏自己的才能，掩盖内心的政治抱负，以免引起政敌的警觉，专心等待时机，实现自己的抱负。

三国时期，曹操与刘备青梅煮酒论英雄这段故事，就是个典型的例证。刘备早已有夺取天下的抱负，只是当时力量太弱，而且还处在曹操控制之下。刘备装做每日只是饮酒种菜，不问世事。一日，曹操请他喝酒，席上曹操问刘备谁是天下英雄，刘备列了几个名字,都被曹操否定了。忽然,曹操说道:"天下的英雄,只有我和你两个人!"一句话说得刘备惊慌失措,吓得手中的筷子掉在地上。幸好此时一阵炸雷,刘备急忙遮掩,说自己被雷声吓掉了筷子。曹操见状,认为刘备胆小成不了大事,就放松了警觉。后来刘备摆脱了曹操的控制,终于干出了一番事业。

秦朝末年,匈奴内部政权动荡。邻近的一个强大的民族东胡借机向匈奴勒索,要匈奴献上国宝千里马。匈奴的将领们都说东胡欺人太甚,国宝绝不能轻易送给他们。匈奴单于冒顿却决定答应。东胡见匈奴软弱可欺,竟然向冒顿要一名妻妾,冒顿再次让步。东胡料定匈奴软弱,不堪一击,根本不把匈奴放在眼里。不久之后,东胡看中了与匈奴交界处的一片茫茫荒原,这荒原是属于匈奴的领土。东胡派使臣去匈奴,要匈奴以此地相赠。

谁知冒顿此次突然说道:"千里荒原,虽然杳无人烟,但也是我匈奴的国土,怎可随便让人?"于是,下令集合部队,进攻东胡。匈奴将士奋勇争先,锐不可当。东胡仓促应战,哪里是匈

故事三十六计

奴的对手。结果东胡被灭，东胡王被杀于乱军之中。

三国时期，魏国的魏明帝去世，继位的曹芳年仅8岁，朝政由太尉司马懿和大将军曹爽共同执掌，曹爽是宗亲贵胄，用明升暗降的手段剥夺了司马懿的兵权。

司马懿大权旁落，心中十分怨恨，但他看到曹爽现在势力强大，一时恐怕斗不过他。于是，司马懿称病不再上朝，曹爽当然十分高兴。但他心里也明白，司马懿不是简单的对手，于是派亲信李胜去司马家探听虚实。

其实，司马懿已经看破了曹爽的心事，早有准

备。李胜被引到司马懿的卧室,只见司马懿病容满面,躺在床上,司马懿装出一副大限将至的样子,骗过了李胜。

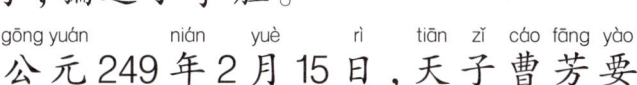

公元249年2月15日,天子曹芳要去济阳城北扫墓,祭祀祖先。曹爽带着他的三个兄弟和亲信护驾一起出行。

司马懿听到这个消息,认为时机已到。马上调集家将,召集过去的老部下,迅速占据了曹氏兵营,然后进宫威逼太后,历数曹爽罪状,要求废黜这个奸贼。太后无奈,只得同意。

等到曹爽闻讯回城,大势已去。司马懿以篡逆的罪名,诛杀了曹爽一家,终于独揽大权,曹魏政权实际上已是有名无实。

故事三十六计

第二十八计 上屋抽梯

上屋抽梯：又叫"上楼抽梯"。上了楼以后，拿掉梯子。意思是说，故意暴露破绽，引诱敌人深入我方，然后切断敌人的退路，进行消灭。

后汉末年的军阀刘表偏爱少子刘琦，不喜欢长子刘琮。刘琮的后母害怕刘琦得势，影响到儿子刘琮的地位，就非常嫉恨他。刘琦害怕被杀害，多次请教诸葛亮，但诸葛亮一直不肯为他出主意。一天，刘琦约诸葛亮到一座楼阁中欣赏书籍，暗中派人拆走了楼梯，跪在地上说："今天我们上不着天，下不着地，您说的话，只有我刘琦知道，请先生赐教吧！"诸葛亮见状，无可奈何，对刘琦说："申生在内而亡，重耳在外而安。"刘琦马上领会了诸葛亮的意图，立即上表请求派自己前往江夏，避开了后母，终于免遭陷害。

故事三十六计

刘琦引诱诸葛亮"上屋",是为了求他指点;"抽梯",是断其后路,也就是打消诸葛亮的顾虑。

安放梯子,有很大学问,对贪婪的敌人,应以小利引诱他们;对骄横的敌人,则应故意显示我们的弱小,以迷惑他们;对莽撞无谋之敌,则设下埋伏以使其中计。总之,要根据情况,巧妙地安放梯子,使敌中计。

秦朝灭亡之后,各路诸侯逐鹿中原。到后来,只有项羽和刘邦的势力最为强大。其他诸侯,有的被消灭,有的急忙寻找靠山。赵王歇在巨鹿之战后,投靠了项羽。刘邦为了削弱项羽的力量,命令韩信、张耳率两万精兵攻打赵王歇。赵王歇听到消息之后,以为自己有项羽做靠山,又控制着二十万人马,并不在意。

赵王歇亲自率领二十万大军驻守井陉,准备迎敌。韩信、张耳的部队也向井陉进发,他们在离井陉三十里外安营扎寨。韩信分析了两边兵力,知道正面攻击不可以得胜,拖延战期更是不可以的办法。他召集军将在营中部署,命一将领率两千精兵到山谷树林隐蔽之处埋伏起来,等到我军与赵军开战后,我军佯败逃跑,赵军肯定倾巢出动,追击我军。这时,你们迅速杀入敌营,插上我军的军旗。他又命令张耳率军一万,在绵延河东岸,摆下背水一战的阵势,自己亲率八千人马正面佯攻。

两军刚一交战,韩信部队佯装败退,并且故意遗留下大量的武器及军用物资。赵王歇见韩信撤退,下令追击,打算全歼韩信的部队。韩信带着败退的队伍撤到绵延河边,与张耳的部队合为一股。韩信告诉士兵,现在已经没有退路,只能背水一战,击溃追兵。士兵们知道已无退路,情急之下,个个以死相拼。韩信部队突然杀了回来,赵王歇完全没有料到,他的部队认为以多胜少,胜券在握,斗志已不很旺盛,加上韩信故意在路上遗留了大量军用物资,士兵们你争我夺,一片混乱。锐不可当的汉军奋勇冲进敌阵,杀得赵军丢盔弃甲,一派狼藉。正是"兵败如山倒",赵王歇下令马上收兵回营,准备修整之后再与汉军作战。当他们退到自己大营前面时,只见大营那边飞过无数支箭,射向赵军,赵王歇在慌乱中才注意到营中已插遍汉军军旗。赵军惊魂未定,营中汉军已经冲杀出来,与韩信、张耳从两边夹击赵军,赵王歇也被汉军生擒,赵军二十万人马全军覆没。

第二十九计 树上开花

树上开花：是指树上本来没有开花，但可以用彩色的绸子剪成花朵黏在树上，做得和真花一样，不仔细去看，真假难辨。此计用在军事上，指的是：自己的力量比较小，却可以借友军势力或借某种因素制造假象，使自己的阵营显得强大，也就是说，在战争中要善于借助各种因素来为自己壮大声势。

战国中期，著名军事家乐毅率领燕国大军攻打齐国，连下七十余城。乐毅乘胜追击，围困莒和即墨。齐国拼死抵抗，燕军久攻不下。

此时，有人在燕惠王面前进言说乐毅心存不轨，所以才久攻不下齐国的最后两城。燕惠王随即用骑劫替换了乐毅。

齐国守将田单深知骑劫根本不是将才，虽然燕军强大，但只要计谋得当，一定可以击败燕军。

田单首先利用两国士兵的迷信心理。他要求齐国军民每天饭前要拿食物到门前空地上祭祀祖先,这样,乌鸦、麻雀成群结队地赶来争食。城外燕军一看连飞鸟每天都定时朝拜,以为齐国有神灵相助,所以燕军人心惶惶,非常害怕。

田单的第二招是让骑劫本人上当。田单派人放风,说乐毅过于仁慈,谁也不怕他。如果燕军割下齐军俘虏的鼻子,齐人肯定会吓破胆。骑劫觉得有道理,果然下令割下俘虏的鼻子,挖了城外齐人的祖坟,这种残暴的行为激起了齐国军民的义愤。

田单的第三招,是派人送信给骑劫,大夸他的治军才能,表示愿意投降。一边还派人装成富户,带着财宝偷偷出城投降燕军。骑劫确信齐国已无作战能力了,只等田单开城投降呢!

田单最绝的一招是:齐军人数太少,即使进攻,也难取胜。于是他把城中的一千多头牛集中起来,在牛角上绑上尖刀,牛身上披上画有五颜六色、稀奇古怪图案的红色衣服,牛尾巴上绑一大把浸了油的麻苇。另外,选了五千名精壮士兵,穿上五色花衣,脸上绘成五颜六色,手持兵器,跟在牛的后面。

这天夜晚,田单命令把牛放出,点燃麻苇,牛又惊又躁,直冲燕国军营。燕军根本没有防备,一败涂地。齐军乘胜追击,收复七十余城,使齐国转危为安。

西晋末期,西晋王朝非常腐败,国家一天不如一天。

而居住在北

方的几个少数民族，却一天一天壮大起来，纷纷进入中原，发动了反对西晋王朝的战争。其中，羯族在首领石勒的领导下，最为强大。当羯族军队攻占了黄河以北的很多州郡后，准备开始进攻幽州。此时，担任幽州刺史的王浚，有着很强的军事实力。

石勒听从了谋士张宾的建议，先是派人来到王浚府上拜访，说自己愿意归顺王浚。王浚一听，非常高兴，当即表示要派使者去回访石勒。

石勒听到这个

消息,赶紧把精兵强将全都调到城外,城里只留了一些老弱残兵。等王浚的使者来了一看,心想:看来石勒的实力是比较弱小的!

使者回来后,向王浚报告了石勒的表现,王浚对石勒更加放心了。

后来,幽州一带遭受了水灾,老百姓受尽了苦难,王浚手下的一些人也都众叛亲离。这时,张宾对石勒说:"将军,现在进攻王浚的时机到了,请您立即出兵。"

314年4月初,石勒率军攻打王浚的部队,很快就大获全胜,并一举夺下了城池。

第三十计 反客为主

反客为主：主人不会招待客人，反受客人招待。意思是说，在不利的情况下，把被动变成主动，达到打退敌人的目的。

此计为"渐进之阴谋"，既是"阴谋"，又必须"渐进"，才能奏效。唐朝开国皇帝李渊在夺得天下之前，曾经对劲敌李密百般恭维，后来还是把李密消灭了。刘邦在兵力不能与项羽抗衡的时候，对项羽谦卑到了极点。后来他力量扩大，由弱变强，垓下一战，终于将项羽逼死乌江。

所以古人说，主客之势常常发生变化，有的变客为主，有的变主为客。关键在于要变被动为主动，争取掌握主动权。

故事三十六计

袁绍和韩馥,当年曾是一对盟友。后来,袁绍势力渐渐强大,但是军队一直缺少粮草。老友韩馥知道情况之后,主动派人送去粮草,帮袁绍解决供应困难。但袁绍不满足靠别人帮忙解决问题,决定夺取韩馥的粮仓——冀州。

他首先给公孙瓒写了一封信,建议与他一起攻打冀州。袁绍又暗地派人去见韩馥,说:"公孙瓒要攻打冀州,冀州难以自保。袁绍与你是好朋友,应该请他带兵来帮忙。"

韩馥只得邀请袁绍带兵进入冀州。但是袁绍一进城就把韩馥的位置取代了。

韩馥这个"主"被"客"

取而代之了。为了保全性命，他只得只身逃出冀州去。

唐朝时期，有个叛将名字叫仆固怀恩。他煽动吐蕃和回纥两国联合进犯中原。结果，两国联军三十万，直逼泾阳城下。此时，泾阳的守将是唐朝大将郭子仪。正在两军相对峙的时候，仆固怀恩病死了。吐蕃和回纥都想争夺指挥权，矛盾逐渐激化。郭子仪趁机分化这两支军队，他找到回纥都督药葛罗，告诉他吐蕃是想利用其与大唐作战，他们好趁机得利。药葛罗当即表示愿意和大唐一起攻打吐蕃。

吐蕃得到报告后，连夜撤兵。

郭子仪与回纥合兵追击,击败了吐蕃,在这之后的很长一段时期,边境平安无事。

公元306年,匈奴重兵围城。虽然刺使刘琨和全军将士拼死战斗,但城里的守军和粮草越来越少,城池危在旦夕。

刘琨计划打击匈奴人的士气,把被动变成主动。晚上,刘琨找来了一支胡笳,吹奏起来。他吹奏的是匈奴人非常熟悉的思念家乡的曲调。匈奴士兵越听越忧伤,越听越哀愁。结果,匈奴士兵们越来越无心作战,几日后,围困解除。

北宋末年,晁盖、吴用率领众好汉智取生辰纲之后,投奔水泊梁山而来。

梁山寨主王伦,表面欢迎好汉们入伙,实际上却担心晁盖、吴用入主梁山后抢了他的位置，便处处冷眼刁难。结果，晁盖、吴用利用林冲对王伦的积怨，杀了王伦，反客为主。

公元前494年，吴王夫差率师伐越，打得越王勾践战败求和。夫差不听伍子胥的进谏，没有处死勾践，而是侮辱他和他的家人，满足自己的成就感。数年后，勾践回国便让文种治理国政，范蠡整顿军队，自己卧薪尝胆，奋发图强。勾践又精心挑选美女和宝物献给吴王，从此，夫差沉溺女色，根本不理朝政。公元前484年，勾践特选三千精兵助吴攻齐，大败齐军。夫差因勾践助战有功，将侵占越国的土地全部归还。越国经过十年修养生息又转弱为强，公元前473年，勾践大军势如破竹，攻入吴国。结果，吴国被灭，吴王夫差自刎而死。

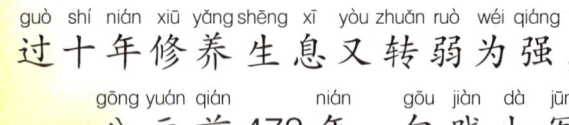

第三十一计 美人计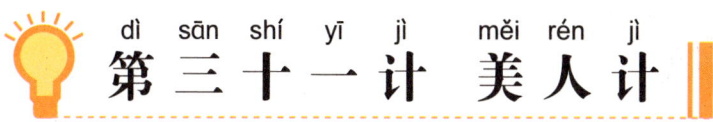

美人计：意思是对于用军事行动难以征服的敌方，要使用"糖衣炮弹"，先从思想意志上打败敌方的将帅，使其内部丧失战斗力，然后再行攻取。

勾践被释回越国之后，卧薪尝胆，不忘雪耻。勾践自知：吴国强大，靠武力很难战胜。越大夫文种向他献计：要想复国雪耻，应投其所好，衰其斗志，可置夫差于死地。于是，勾践挑选了两名绝代佳人送给夫差，并年年向吴王进献珍奇珠宝。夫差认为勾践已被他臣服，所以一点也不怀疑。夫差贪恋女色，根本不想过问政事，伍子胥力谏无效，反被逼自尽。终于，有一年，吴国大旱，勾践突出奇兵伐吴，吴国终于被越所灭。

汉献帝9岁登基，朝廷由董卓专权。满朝文武，对董卓又恨又怕。

司徒王允观察吕布、董卓"父子"二人有一个共同的弱点：皆是好色之徒，计划用"美人计"，让他们互相残杀，以除掉董卓。

一次宴会上，王允主动提出将自己的女儿貂蝉许配给吕布。吕布见貂蝉是一绝色美人，喜不自胜。

第二天，王允又请董卓到家里来做客，酒筵席间，貂蝉出来献舞。董卓一见貂蝉美艳动人，垂涎欲滴，便把貂蝉带回府中去了。

吕布得知董卓带走了貂蝉，十分恼怒。加上王允在一旁煽风点火，便决定杀死董卓。

王允趁机假传圣旨，召董卓上朝受禅。董卓满心欢喜，毫不防备地进宫，结果被"义子"吕布当场刺杀。

元代杂剧家关汉卿在《救风尘》里给我们

故事三十六计

讲了一个饶有趣味的故事:

有一个叫宋引章的姑娘从小就卖给开封城一个妓院。她聪明伶俐,又能歌善舞,渴求一个真正属于自己的天地。当地有一个富家公子名叫周舍,被宋引章的美貌迷得舍命追求,大献殷勤。周舍渐渐赢得引章的好感,周舍顺势提出要娶她为妻。宋引章早就想离开这肮脏之地了,就答应了他。

周舍终于达到目的,便暴露出本来面目,拿引章当奴才使唤,宋引章非常后悔。

引章的结拜姐妹赵盼儿得知后,便利用美人计,勾引周舍,让他休了宋引章。

赵盼儿摸透了周舍的心理,紧紧抓住

他的弱点,"对症下药",一计成功。由此可得出结论:当对手具有优势,很难直接打败时,可以充分利用其弱点,用心经营,从而达到以弱胜强的目的。

说起"美人计",有人总认为是一件不光彩的事。我们不否认,有人是想利用色相来达到不可告人的目的,但是,像赵盼儿为了别人而牺牲自己,其思想品德是值得肯定的。可以说,没有赵盼儿见义勇为,宋引章只能在魔窟中煎熬一辈子。

第三十二计 空城计

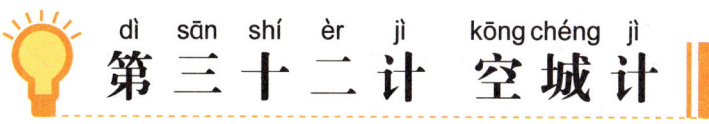

空城计:当兵力空虚时,故意显示出不加防范的样子,使敌人摸不清情况,担心上当而撤退。

空城计,这是一种心理战术。在自己无力守城的情况下,故意向敌人暴露城内空虚,就是所谓"虚者虚之"。敌方产生怀疑,更会犹豫不前,就是所谓"疑中生疑"。

公元前666年,楚国公子元亲率兵车六百辆,浩浩荡荡,攻打郑国。楚国大军一路连下几城,直逼郑国国都。郑国国力较弱,都城内更是兵力空虚,无法抵挡楚军的进犯。

郑国危在旦夕,群臣慌乱,有的主张请和,有的主张决一死战,有的主张固守待援。上卿叔詹说:"请和与决战都非上策。固守待援,倒是可取的方案。郑国和齐国订有盟约,而今有难，齐国会出兵相助。只是空谈固守，恐怕也难守住。公子元伐郑，一定急于求成，又特别害怕失败。我有一计，可退楚军。"

郑国按叔詹的计策，在城内做了安排。先是命令士兵全部埋伏起来，不让敌人看见一兵一卒。又令店铺照常开门，百姓往来如常，不准露出一丝慌乱之色。最后，大开城门，放下吊桥，摆出完全不设防的样子。

楚军先锋到达郑国都城城下，见此情景，心里起了怀疑，莫非城中有了埋伏，诱我中计？于是不敢妄动，等待公子元的到来。

公子元赶到城下,也觉得好生奇怪。他率众将到城外高地眺望,见城中确实空虚,但又隐隐约约看到了郑国的旌旗甲士。公子元认为其中有诈,不可贸然进攻,应先进城探听虚实,于是按兵不动。

这时,齐国接到郑国的求援信,已联合鲁、宋两国发兵救郑。公子元闻报,知道三国兵到,楚军定不能胜,好在也打了几个胜仗,还是赶快撤退为妙。他害怕撤退时郑国军队会出城追击,于是下令全军连夜撤走,人衔枚,马裹蹄,不许出一点儿声响。所有营寨都不拆走,旌旗照旧飘扬。

第二天清晨,叔詹登

城一望,说道:"楚军已经撤走。"众人见敌营旌旗招展,不信已经撤军。叔詹说:"如果营中有人,怎会有那么多的飞鸟盘旋上下呢?他也用空城计欺骗了我,急忙撤兵了。"这就是中国历史上第一个使用空城计的战例。

在紧要关头,以大胆的冒险行动来造成敌人的错误判断,常达到排难解危的目的。"空城计"中所包含的这种策略,古人不仅用于守城,也用于敌众我寡的遭遇战。

西汉时期,北方匈奴势力逐渐强大,不断兴兵进犯中原。飞将军李广任上郡太守,抵挡匈奴南进。

一天,皇帝派到上郡的宦官带人外出打猎,遇到三个匈奴兵的袭击,宦官受伤逃回。李广大怒,亲自率领一百名骑兵前

故事三十六计

去追击。一直追了几十里地,终于追上了三个匈奴兵,他们杀了两名、活捉一名,正准备回营时,忽然发现有数千名匈奴骑兵也向这里开来。匈奴队伍也发现了李广,但看见李广只有百名骑兵,以为是为大部队诱敌的前锋,不敢贸然攻击,急忙上山摆开阵势,观察动静。

李广的骑兵非常恐慌。李广沉着地稳住队伍:"我们只有百余骑,离我们的大营有几十里远。如果我们逃跑,匈奴肯定会追杀我们。如果我们按兵不动,敌人肯定会疑心我们有大部队行动,他们绝不敢轻易进攻。现在,我们继续前进。"到了离敌阵仅二里地的地方,李广下令:"全体下马休息。"李广的士兵卸下马鞍,悠闲地躺在草地上休息,看着战马在一旁津津有味地吃草。

匈奴部将感到十分奇怪,派了一名军官出阵观察形势。李广立即命令上马,冲杀过去,一箭射死了这个军官。然后又回到原地,继续休息。

匈奴部将见此情形,更加恐慌,料定李广胸有成竹,附近定有伏兵。天黑以后,李广的人马仍无动静。匈奴部将怕遭到大部队的突袭,慌慌张张引兵逃跑了。

就这样,李广的百余骑安全返回了大营。

第三十三计 反间计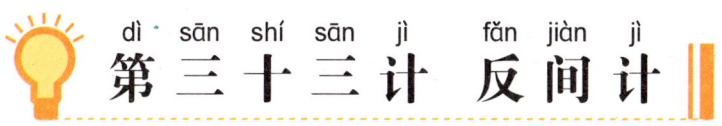

反间计：利用敌人的间谍，以假乱真，帮助我方做工作，就可以有效地保全自己，争取胜利。

三国时期，曹操率数十万大军，准备渡过长江伐吴。当时，孙、刘联合抗曹，但兵力比曹军要少得多。

曹操的队伍都由北方骑兵组成，不善于水战。正好有两个精通水战的降将蔡瑁、张允可以为曹操训练水军。东吴主帅周瑜见曹军水营井井有条，决心除掉这两个心腹大患。

曹操让蒋干过江拜访周瑜。周瑜见到蒋干后，只叙友情，不谈军事，堵住了蒋干的嘴巴。酒后周瑜佯装大醉，约蒋干同床共眠。周瑜为了离间曹操与蔡、张二人，事先准备了一封假的书信，信中表示蔡瑁、张允与东吴相通，要里应外合擒杀曹操，并故意让蒋干得到这封假书信。

蒋干得信后连夜赶回曹营，让曹操看了周瑜伪造的信件，曹操顿时火起，杀了蔡瑁、张允。等曹操冷静下来，才猛然意识到自己中了周瑜的反间之计。

《长短经》里记载着这样一个故事：

西楚霸王项羽曾经进攻刘邦驻守的荥阳，刘邦慌忙应战，谋士陈平决定离间楚王和他的大臣。

陈平先是用重金贿赂楚王身边的一些大臣，又派心腹萧何前去楚营议和。

萧何跪在霸王面前，讲述他与刘邦曾经联手伐秦的旧情，并提出割让土地换取和谈。楚王的手下大臣范增看出是刘邦的缓兵之计,极力反对楚王和谈。萧何又挑拨范增与楚王的关系。结果范增被罢免了职务。

失去了范增,楚王就等于失去了左右臂,汉楚局势发展急剧变化,楚军每况愈下,逐渐走向失败。

谁也不会否认,论勇武、论气派,刘邦都不能与楚王相比,而历史的结局竟是阴差阳错,这难道不值得我们去深思吗?其实,陈平的做法也没有什么高明之处,散布的谣言、

故事三十六计

制造的假象,楚王应该是极容易识破的。错就错在楚王不作调查,不作分析,鲁莽行事。施计者,就吃准了楚王多疑、轻浮、刚愎自用的心理特点,略施小计,就扭转了败局,最终取得了胜利。

第三十四计 苦肉计

苦肉计：人们都不愿意伤害自己，如果说被别人伤害，这肯定是真的。己方如果以假当真，敌方肯定信而不疑。这样才能使苦肉之计得以成功。此计其实是一种特殊做法的离间计。运用此计，"自害"是真，"他害"是假，以真乱假。己方要造成内部矛盾激化的假象，再派人装做受到迫害，借机到敌人中去进行间谍活动。

春秋时期，吴王阖闾杀了吴王僚，夺得王位。他十分惧怕吴王僚的儿子庆忌为父报仇。庆忌此时正在卫国扩大势力，时刻准备杀回吴国，夺取王位。

阖闾整日提心吊胆，要大臣伍子胥替他设法除掉庆忌。伍子胥向阖闾推荐了一个智勇双全的勇士，名叫要离。要离断臂杀妻，逐渐取得庆忌的信任，完成了刺杀庆忌的任务。

南宋时，金兵南侵，金将金兀术与岳飞在朱仙镇摆开决战的战场。金兀术有一义子，名叫陆文龙，英勇过人。陆文龙本是宋朝潞安州节度使陆登的儿子,只是不知自己身世。

岳飞手下部将王佐打算只身到金营,策动陆文龙反金。为取信金兀术,采取断臂之计。

王佐连夜来到金营,巧言得到了金兀术的信任。并寻机向陆文龙讲述了他的身世。

文龙知道了自己的身世后,决心为父母报仇。

陆文龙随即投奔了宋营,立下了不少战功。

春秋时期,楚庄王苦恼先王因任人不当,致使国家日益衰败。现在要想治理好楚国,必须有一批刚毅廉正的肱股之臣辅佐自己,才能使国力强盛,成就霸业。

正巧宋国使臣前来进贡,将美女丹珠送给自己,楚庄王便故意沉湎于酒色之中,不理政事。大臣们连他的影子也见不到。

这一天,有个叫伍举的臣子看不下去了,便上奏说南部洪水灾情严重,问应该如何处理,并苦劝庄王专心治国,终结放荡的生活。

庄王大怒,派人在正殿上贴上了告示:谏诤寡人者处以死刑。

庄王不理朝政,终日荒淫,无人敢冒死诤言。

日子一天天过去了,伍举实在看不过去,想继续谏诤,却又不敢直言。这天,他来到后宫对庄王说:"楚国郢都有一只鸟,三年不飞也不叫,究竟是什么鸟呢?"伍举用心何等良苦,他这是用谜代替谏言,把庄王比做那只鸟。

庄王漫不经心地随便回答:"不飞则已,一飞冲上天;不鸣则已,一鸣惊天下。"庄王装聋作哑,言下却含着真意。

有个臣子叫赵登,陪着庄王喝酒,趁机献媚道:"大王,伍举实在是该死,国家安定强大,大王正

应该尽兴痛饮才是。"第二天，庄王任命赵登为上大夫，伍举被驱逐出城。

有一次，赵登陪同庄王打猎归来。满面春风，他妻子好奇地问道："你为什么这样被大王宠幸呢？"

赵登得意地道："不要让大王有空闲，不断用酒食、歌舞、美女、珍玩让天子享乐、挥霍，不要让大王看书或亲近学者贤人，否则他会变得聪明，看到前代的兴亡，用心去思考一些事情。一旦大王用心研究事情的道理，弄清是非曲直，我们就必遭排斥。必须设法让大王迷迷糊糊，才是我们升官发财的唯一途径。"

就在庄王日夜荒淫无度的时候，大夫苏宁为国家社稷

着想,冒死进见庄王,当面诤言。

庄王说:"你忘记了我的告示吗?"

苏宁说:"不,没有忘记。但大王如不翻然醒悟的话,我宁可一死。"

"说得好!"于是庄王立刻戒除淫乱,召回伍举,和苏宁一起加以重用。庄王让他们与其他没有与自己一起游乐的刚毅廉洁的臣子们一起执行国务,大力整顿朝纲,同时处斩丹珠、赵登等人。

不久,楚庄王跻身春秋五霸之一,国力强盛无比,一度号令天下。

为了识人,为了鉴别臣下,庄王不惜花了两年时间,不惜使国家濒于混乱状态,其所作所为用心何等良苦。在当时的情况,庄王只有这样,才能够振兴和治理好国家。

第三十五计 连环计

连环计：指多计并用，计计相连，环环相扣，一计累敌，一计攻敌，任何强敌，无攻不破。此计正文的意思是如果敌方力量强大，就不要硬拼，要用计使其自相钳制，借以削弱敌方的战斗力。

此计的关键是要使敌人"自累"，就是指让敌人互相钳制，背上包袱，使其行动不自由。这样，就给围歼敌人创造了良好的条件。赤壁大战时，周瑜曾巧用反间计，玩弄蒋干盗书，让曹操误杀了熟悉水战的蔡瑁、张允，又让庞统向曹操献上锁船之计，使其注定了被火攻打败的命运。又用苦肉计让黄盖诈降骗得曹操连中三计。三计连环，杀得曹操数十万人马一败涂地。

战场形势复杂多变，对敌作战时，使用计谋，是每个优秀指挥员的本领。而双方指挥员都是有经验的老手,只用一计,往往容易被对方识破。而一计套一计,计计连环,作用就会大得多。

宋代将领毕再遇就曾经运用连环计,打过漂亮仗。他分析金人强悍,骑兵尤其勇猛的特点,认为如果正面交战往往会造成重大伤亡。所以他用兵主张抓住敌人的重大弱点,设法钳制敌人,寻找良好的战机。

一次又与金兵遭遇,他命令部队不得与敌正面交锋,可采取游击战术。敌人前进,他就令队伍后撤,等敌人刚刚安顿下来,他又下令出击,等金兵全力反击时,他又率队伍跑得无影无踪。就这样,退退进进,打打停停,把

故事三十六计

金兵搞得疲惫不堪。金兵想打又打不着,想摆又摆不脱。

到了夜晚,金军人困马乏,正准备回营休息。毕再遇准备了许多用香料煮好的黑豆,偷偷地撒在阵地上。然后,又突然袭击金军。金军无奈,只得尽力反击。毕再遇的部队与金军战不几时,又全部败退。金军气愤至极,乘胜追赶。谁知,金军战马一天来东跑西追,又饿又渴,闻到地上有香喷喷的味道,用嘴一探,知道是可以填饱肚子的粮食。战马一口口只顾抢着吃,任你用鞭抽打,也不肯前进一步,金军调不动战马,在黑夜中一时没了主意,显得十分混乱。毕再遇这时调集全部队伍,从四面包围过来,杀得金军人仰马翻,横尸遍野。

第三十六计 走为上计

走为上计：指敌我力量悬殊的不利形势下，采取有计划的主动撤退，避开强敌，寻找战机，以退为进。这在谋略中也应是上策。

春秋初期，楚国日益强盛，楚将子玉率师攻晋。楚国还胁迫陈、蔡、郑、许四个小国出兵，配合楚军作战。此时，晋文公刚攻下依附楚国的曹国，明知晋楚之战迟早不可避免。

子玉率部浩浩荡荡向晋国进发，晋文公闻讯，分析了形势。他对这次战争的胜败没有把握，楚强晋弱，其势汹汹，所以决定暂时后退，避其锋芒。

晋军撤退九十里，已到晋国边界城濮，仗地势御敌。晋文公又派人前往秦国和齐国求助。

子玉率部追到城濮，晋文公早已严阵以待。晋文公已探知楚国左、中、右三军，以右军最薄弱,右军前头为陈、蔡士兵,并无斗志。子玉命令左右军先进,中军继之。楚右军直扑晋军,晋军忽然又撤退,陈、蔡军的将官以为晋军惧怕,又要逃跑,就紧追不舍。忽然,晋军中杀出一支军队,驾车的马都蒙着老虎皮。陈、蔡军的战马以为是真虎,吓得乱蹦乱跳,转头就跑,骑兵哪里控制得住,楚右军大败。晋文公派士兵假扮陈、蔡军士,向子玉报捷:"右师已胜,元帅赶快进兵。"

子玉以为晋军不堪一击,其实这正是晋军诱敌之计,他们在马尾部绑上树枝,来往奔跑,故意制造混乱的假象,子玉急命左军前进。晋军上军故意打着帅旗,往后撤退。楚左军又陷于晋国伏击圈,又遭歼灭。等子玉率中军赶到,晋军三军合力,已把子玉团团围住。子玉这才发现,右军、左军都已被歼,自己已陷重围,于是急令突围。就这样,楚国部队伤亡惨重,大败而回。

公元前206年的初春时节,刘邦与谋臣张良共赴鸿门会见项羽。

鸿门宴设在一座军营里,项羽一接到刘邦要来赴宴的消息,便做了一番精心的安排。

故事三十六计

房子不大,项羽端坐在一张矮几的上方,右边坐着范增,左边坐着项伯。

刘邦见了项羽,不敢像过去那样向他行平辈的礼,而是只能跪下行大礼。

项羽说:"天下痛恨秦王,你自作主张把他放了,还要重用他,这是一项大罪;就凭你一句话,随便改变法令,收买人心,这是第二项大罪;抗拒诸侯,不准他们进关,这是第三项大罪。有这三项大罪,我该怎么处置你呢?"

刘邦汗流浃背,说话更吞吞吐吐了:"我与将军并力攻秦,将军在河北作战,我在河南作战,兵分两路,同心协力,但我自己也没料到那么容易攻进函谷关,即使这样,我天天都在盼望将军能早日来到。想不到现在有人挑拨我与将军之间的关系,我心里很不安,至于拒绝诸侯入关,我是防止盗贼进入偷走宝物,不好向将军交差啊!"

项羽绷紧的脸这才逐渐松弛下来,坐下以后,说:"刘将军,你起来吧,让你受惊了,来人,摆酒,给刘将军接风洗尘。"

刘邦站起来就势坐在项羽对面的一个位置上,张良始终悬着的心,这时总算平稳了一点,他贴着刘邦,坐在他的身边。

席间范增多次示意,仍然没有引起项羽的杀意。范增沉不住气了,推说有事,出来找到项庄,讲述利害关系,要他刺杀刘邦。

项庄转身进屋,捧过一杯酒,献给刘邦,随后,抓

起一把剑就舞起来,项伯也拔剑在手,说是两人对舞,兴致更高,项庄想避开项伯,刺向刘邦,每次都被项伯牢牢挡住。

张良对范增的一举一动时刻留意,心里一直在盘算怎样避开这场灾难,现在见"项庄舞剑,意在沛公",气氛陡然紧张,他抬腿就走。出门找到樊哙道:"樊将军,快,主公有难!"

樊哙闯进帐,一个箭步就冲到刘邦跟前,护住主公。

樊哙上前,双手抱拳,铿锵有声:"秦王暴政,杀人如麻,酷刑遍地,所以天下人都揭竿而起。汉楚两军出兵之时,楚王曾和诸侯

约定：'先攻破函谷关者为王。'现在沛公先入咸阳，一丝一毫的财物都已入库，专候大王前来。沛公为了安全，亲自调兵遣将，把守要塞关口，防备盗贼趁乱而入。像沛公这样劳苦功高的人，应该封侯加赏，而今，大王反听小人之言，想加害有功之人，这不是继续走亡秦的老路吗？"

张良见时机已到，向刘邦使个眼色。刘邦心领神会，起身说是要去厕所，张良和樊哙也马上跟了出去。

他们来到一个偏僻的角落，张良严肃地说："现在的形势不容乐观，我想，最好的办法就是趁项羽还在犹豫，范增起不了作用的时候，悄悄地离开。"

就这样,刘邦带着众人急忙逃离楚营。

再说范增左等右等不见刘邦回来,立即警觉起来:"大王,刘邦这一去,恐怕再也不回

来了。你中计啦!"

"我中计,我中什么计?"

范增无可奈何地摊开双手,"唉,三十六计走为上,刘邦这小子溜了,将来我们要吃他的大亏。"

项羽还不相信,见张良回来了,说汉营有急事需沛公处置,来不及告辞,只有请大王海涵。至此,项羽才有所醒悟,感到懊悔,但是,什么都晚了!

刘邦走了,避免了一场杀身之祸。他回营后,励精图治,充分发挥手下谋士的聪明才智,几年工夫不到,就把项羽逼到乌江的一只船上,面对苍天,大呼一声自刎而死。

可见,在必要的时候,"走"是何等的重要,以退为进,这是一种策略。

古代兵书认为,如果敌方居于绝对优势,我方又不能与之抗衡,暂时回避敌方的锋锐,以便保存自己的有生力量,是最明智的选择。

故事三十六计

图书在版编目（CIP）数据

故事三十六计/李诚主编. —成都：巴蜀书社，
2012.5
（《中国故事》注音读本）
ISBN 978-7-5531-0020-3

Ⅰ.①故… Ⅱ.①李… Ⅲ.①兵法－中国－古代－青年读物
②兵法－中国－古代－少年读物 Ⅳ.①E892.2-49

中国版本图书馆 CIP 数据核字（2012）第 093209 号

故事三十六计　　　　　　　　　李　诚　主编

责任校对	杨宗义
责任编辑	施　维　张　亮
设　　计	张　科
出　　版	四川出版集团巴蜀书社
	成都市槐树街 2 号　邮编 610031
	总编室电话：(028) 86259397
网　　址	www.bsbook.com
发　　行	巴蜀书社
	发行科电话：(028) 86259422　86259423
经　　销	新华书店
印　　刷	四川联翔印务有限公司
版　　次	2012 年 5 月第 1 版
印　　次	2012 年 5 月第 1 次印刷
成品尺寸	230mm×170mm
印　　张	12
字　　数	180 千字
书　　号	ISBN 978-7-5531-0020-3
定　　价	25.00 元

本书如有印装质量问题，请与工厂调换